Autoestima automática

Silvia Congost

Autoestima automática

Cree en ti y alcanza tus metas

zenith

Obra editada en colaboración con Editorial Planeta - España

Bajo el sello editorial ZENITH M.R.
Avenida Presidente Masarik núm. 111,
Piso 2, Polanco V Sección, Miguel Hidalgo
C.P. 11560, Ciudad de México
www.planetadelibros.com.mx

Primera edición impresa en España: febrero de 2015
ISBN: 978-84-08-13667-5

Primera edición impresa en México: marzo de 2022
ISBN: 978-607-07-8479-8

Impreso en los talleres de Impregráfica Digital, S.A. de C.V.
Av. Coyoacán 100-D, Valle Norte, Benito Juárez
Ciudad De Mexico, C.P. 03103
Impreso y hecho en México – *Printed and made in Mexico*

ÍNDICE

Para ti, mamá, porque con tu amor incondicional me enseñaste a quererme.

Para ti, papá, porque con tu fuerza y valor me enseñaste a no rendirme.

Para ti, Jordi, porque al «destronarme» sin querer, cuando yo tenía poco más de un año, me permitiste entender muchísimas cosas de las relaciones humanas. Gracias por llegar, por quedarte y por seguir estando siempre.

Para ti, Ferran, por cruzarte en mi camino, por mirarme, por pararte y sobre todo por decidir no irte. Es maravilloso e inspirador tener al lado un corazón lleno de sana autoestima.

Para Jackie y Eva: por ser, por estar y por leerme con su mirada crítica y siempre tan constructiva.

Y sin ninguna duda, para aquellos que han confiado en mi trabajo y lo siguen haciendo en las sesiones presenciales o en los grupos de autoestima. A todos los que se mantienen tan cerca a través de las redes sociales y a los que me acompañan en las charlas y actividades que voy organizando por el mundo.

A todos ustedes... GRACIAS.

PRÓLOGO

Cuando escuchamos la palabra *autoestima* no solo debemos pensar en cómo nos percibimos físicamente, sino más bien en que esta palabra engloba lo que cada uno significa y representa en la vida.

Definitivamente, al hablar de la autoestima debemos pensar en el amor más importante que cada uno necesita desarrollar, pero que lamentablemente no siempre es así, y en el **amor propio**, aquel que muchas veces está muy mal entendido y que para algunos significa «egoísmo».

Como psicóloga, lo que veo comúnmente en mi consultorio son personas que se pierden en el otro, personas que le temen a la evolución, hijos que solo pueden imitar lo aprendido en casa, individuos que se aíslan, que eligen envolverse en una adicción antes que enfrentarse a ellos mismos, que no encuentran el propósito de sus vidas, que no saben elegir y que prefieren que el miedo sea el motivo por el cual reaccionar ante cualquier situación. En definitiva, aquellos que ven pasar la vida sin tener la fuerza suficiente de asumirla y atreverse al cambio.

Cuando no nos permitimos tener un buen concepto de nosotros mismos percibimos el abandono y el rechazo de una forma implícita en nuestras vidas. Cultivar la autoestima es vital para poder sentir bienestar, encontrar respuestas a las cuestiones que muchas veces nos llevan al estancamiento y al conformismo, poder tener relaciones sanas y, por último, disfrutar de todo aquello que representamos y merecemos. Y es que para poder vivir una vida con sentido necesitamos construir una buena autoestima.

Para lograr esto se requiere algo más que voluntad: es necesario buscar los motivos por los que nos sentimos menos capaces que los demás, entender la base de todas las creencias que nos atan y comenzar a asumirlo con total conciencia y sin la necesidad de buscar culpables.

Lo más interesante es que es posible lograr cambios desde nuestro interior, ya que al desarrollar un buen sentido de lo que uno vale, no se necesita la aprobación de lo externo para sentir dicha.

Autoestima automática es un libro admirable por la forma sencilla, ligera y contundente con la que Silvia Congost explica la importancia de nutrir la autoestima. En cada capítulo podrás encontrar ejercicios y herramientas sencillas que te ayudarán a reforzar la autoestima y producir cambios significativos en tu valía. Y, en definitiva, podrás sentir que las piezas de tu rompecabezas por fin encuentran lugar y se acomodan en tu interior, lo cual se traduce en felicidad.

Mis felicitaciones a Silvia, no solo por el hermoso trabajo que realiza, sino por la valentía de hablar de sí misma en la obra. No todos los psicólogos se atreven a enumerar sus fallos o carencias, y pienso que al transmitirnos su vivencia, ella demuestra que los psicoterapeutas también tenemos una historia y que muchas veces necesitamos sanar para poder ofrecer un buen trabajo.

Mi admiración y cariño.

ANA SIMÓ

INTRODUCCIÓN

Siempre he dicho que si existieran los extraterrestres y nos observaran desde una lejana galaxia pensarían que estamos muy mal. Pero no porque seamos defectuosos, tengamos muchas taras o limitaciones, sino por todo lo contrario: no podrían entender en absoluto cómo unos seres tan capacitados y con un potencial tan enorme puedan acabar sintiéndose minúsculos, comparándose entre ellos e infravalorándose a sí mismos o dando por hecho que no pueden alcanzar determinados objetivos a los que de verdad aspiran.

Y, de hecho, sería normal que no lo entendieran porque de entrada es algo que sorprendería a cualquiera, sobre todo a cualquiera que tuviera una mínima idea de hasta dónde podemos llegar, dotados como estamos de una naturaleza perfecta y una funcionalidad tan moldeable y con tamaña posibilidad de desarrollarse.

Tenemos claro que los seres humanos somos muy complejos, y esa complejidad la podemos enfocar hacia un crecimiento sin límites o hacia unos límites que nos impidan crecer. Las experiencias que vivimos durante los primeros años de nuestra vida han sido determinantes para nosotros y no podemos cambiarlas, pero, aun así, el camino que decidamos seguir a partir de esa etapa depende de cada uno de nosotros. No hay que olvidar que si no nos gusta lo que estamos creando o experimentando, podemos cambiarlo.

* * *

Siempre he sido una persona muy observadora, de las que, más que hablar, analizan y toman notas mentales. De niña, recuerdo que observaba a mi padre cuando íbamos a dormir. Estaba en su escritorio, bajo la luz de una lámpara torcida, concentrado en aquellos planos que tenía que sacar adelante como fuera. O sumergido en un mar de papeles desordenados, con una regla y una calculadora, realizando presupuestos para posibles clientes que ni siquiera sabía si lo iban a contratar. Por la mañana se levantaba antes que el Sol, junto a mi madre, y empezaban una nueva jornada con dinamismo y valor, y con la seguridad de que iban a hacer lo necesario para que a mi hermano y a mí no nos faltara nada. A mi madre la veía fuerte como un roble, con una energía inagotable y con una ternura que ni un solo día he dejado de agradecer.

Yo no tenía conciencia de todo aquello porque era una niña. No obstante, lo observaba todo y aprendía de ellos. Me empapaba sin darme cuenta de su vigor, de su coraje, de sus ganas de crecer y salir adelante.

Recuerdo que mi padre fumaba más de un paquete de cigarros al día y eso yo, a mis seis años, por algún motivo que nunca he podido explicar, lo detestaba con todas mis fuerzas. Recuerdo que lo chantajeaba diciendo que si fumaba era porque no nos quería y saboteaba su hábito juntando todos los paquetes que había en la casa y partiendo todos los cigarros por la mitad y echándolos al fuego. Él respiraba hondo, contenía su enfado como podía y se iba. Esa situación se repitió muchas veces, hasta que una noche que estábamos sentados a la mesa cenando, me preguntó: «Silvia, ¿no me dices nada?». Yo lo miré pensando en qué era lo que debía decirle y él me dio la respuesta: «Hace una semana que no fumo, tiré el último paquete y dije basta».

Jamás volvió a fumar y te puedes imaginar cómo me he sentido cada vez que, a lo largo de los años, he escuchado que le dice a la gente: «Yo conseguí dejarlo gracias a mi hija». Evidentemente hoy sé que no lo dejó gracias a mí, lo dejó gracias a él, a su empeño, a sus ganas de estar mejor, de cuidarse más. Apostó por él, igual que no paró hasta que su empresa creció y empezó a funcionar realmente.

Mi padre creyó en sí mismo y eso fue lo que lo empujó hacia delante: mi padre tenía una buena autoestima.

En la actualidad soy consciente de que, aunque yo era pequeña y no entendía todo lo que ahora entiendo, tomaba notas mentales sin cesar, notas que irían diseñando el mapa del camino que yo seguiría en el futuro.

Observando su historia, también me doy cuenta de la importancia que tiene la persona que elegimos como pareja y cómo puede influir dicha elección sobre nuestra autoestima. Tener una persona tóxica a nuestro lado (ya sea a nivel de pareja o a nivel de relaciones sociales en general) puede hacer que dejemos de creer en nosotros y que nos sumamos en la más profunda miseria. Y de igual modo, tener una persona que nos apoya y cree en nosotros nos puede acompañar y dar energía para que lleguemos a lo más alto.

Tengo claro que mi madre ha sido una persona clave en el crecimiento de toda mi familia. Nosotros, sin ella, seríamos muy diferentes y probablemente no habríamos emprendido los caminos que hemos emprendido con la fuerza y la seguridad con las que lo hemos hecho.

Por otro lado, también te puedo asegurar que mi adolescencia fue la etapa que menos me ha gustado de mi vida. Los cambios hormonales que todos sufrimos nos llevan con facilidad a compararnos con otros que vemos más guapos, más simpáticos, más listos, más delgados, más divertidos, más exitosos... Queremos salir, nuestros padres son diferentes a los demás y no nos dejan. No entendemos por qué. Nos rebelamos, creemos que los odiamos y queremos desaparecer. No nos sentimos bien dentro de nuestra piel, nos juntamos con las personas inadecuadas, mentimos y nuestros días van pasando grises y oscuros...

Por suerte, en la mayoría de los casos, esa etapa se supera y acaba por ser recordada como un tiempo revuelto y complejo, pero que, al fin y al cabo, ya pasó.

En la etapa de la infancia y la adolescencia, son muchos los factores que nos van influyendo de manera progresiva y que van modelando la que será nuestra personalidad y, especialmente, nuestra autoestima.

Podríamos vernos como si fuéramos una escultura que ha ido esculpiéndose poco a poco, a golpe de martillo y cincel. Somos, en gran medida, el resultado de nuestras experiencias y del entorno en que nos hemos movido desde nuestro nacimiento hasta el día de hoy. Nuestra autoestima también es producto de estos dos factores, pero está hecha de un material mucho más moldeable, como la plastilina, y mucho más variado: hay autoestimas con muchas formas, fuertes y esbeltas, débiles y achaparradas o incluso prácticamente inexistentes. Pero siempre podemos añadir o quitar material, cambiar los colores y darle una forma distinta. Siempre podemos, en suma, trabajar para modificarla y empezar a sentirnos mejor con nosotros mismos.

La autoestima es, en mi opinión, la base de un gran número de los problemas psicológicos que sufrimos los seres humanos. Creo que la mayoría de psicólogos estaremos de acuerdo en que cuando un paciente acude a nuestro consultorio para solucionar una dificultad específica es bastante probable que haya un problema de autoestima oculto tras ella.

No tener una buena autoestima nos puede afectar en nuestro entorno laboral (con jefes o compañeros de trabajo), en las relaciones interpersonales y sobre todo en nuestra relación de pareja.

Hay que tener una idea clara de lo que es la autoestima, entender por qué en nuestro caso es la que es y nos afecta de la manera en que lo hace y, por supuesto, hay que saber cómo recuperarla o fortalecerla. Solo así podremos crecer tanto como deseemos y no dejaremos escapar personas y oportunidades que nos vendrían realmente bien en nuestro proceso de desarrollo personal

Tener una buena autoestima es imprescindible si queremos vivir bien y sentirnos a gusto con nuestra vida y con nosotros mismos. Nadie nace sintiéndose inseguro o débil, ni siendo celoso o comparándose con los demás. Nadie nace, insisto, por defecto con estas características y cuando nos autoanalizamos y tomamos conciencia de que eso es lo que se está cociendo en nuestro interior, de que eso es lo que sucede y lo que nos produce tanto malestar, debemos responsabilizarnos de ello y preguntarnos qué podemos hacer para cambiarlo.

Hay quien dice que las personas no cambian, y lo cierto es que «no cambian porque sí»: las personas cambiamos después de una experiencia vital muy fuerte, algo muy duro que nos toca vivir, que nos hace sufrir muchísimo y que transforma, una vez superado, nuestra manera de funcionar. Son cambios que se producen de forma involuntaria, producto de vivencias que hacen tambalear nuestros cimientos. No obstante, también podemos cambiar si así lo deseamos de verdad, podemos generar el cambio nosotros, voluntaria y conscientemente.

Para ello, por un lado debemos sentir la necesidad de generar dicho cambio, sentir el empuje que nos mueva hacia él y, por otro, movernos, pasar a la acción, estar dispuestos a hacer lo que haga falta para conseguirlo.

Si uno desea cambiar y lucha para hacerlo no se va a quedar igual, el cambio vendrá. Todos podemos cambiar, lo único que marca la diferencia entre los que lo logran y los que no es que los primeros son conscientes de que pueden mejorar en algunos aspectos y tienen ganas de conseguirlo, apuestan por ello y pasan a la acción, mientras que los segundos se quedan donde están, al tiempo que afirman que no tienen ninguna necesidad de cambiar ni de mejorar nada. Estos últimos no van a crecer ni a mejorar demasiado, sino que se quedarán estancados donde están.

Y no pasa nada: si uno no detecta una dificultad o una carencia o algo que es disfuncional para sí mismo, no existe para él. Al final, la cuestión es cómo lo viva uno. El problema aparece cuando algo nos afecta y nos hace sentir mal, cuando nos quejamos constantemente, pero luego lo negamos, nos autoengañamos o simplemente no queremos verlo. Ello nos genera malestar y afecta también a quienes tenemos a nuestro alrededor, en cuyas manos está permanecer a nuestro lado o, por el contrario, alejarse.

* * *

Desde muy joven, siempre me ha inquietado el porqué algunas personas se muestran seguras, felices y pisan con fuerza el camino de su vida cosechando éxitos y alcanzando metas, mientras que otras se quedan tras el telón, acurrucadas y con la mirada clavada en el suelo, pensando en cómo habrían sido sus vidas si hubieran nacido en otra piel.

Crecí preguntándome qué hacía diferentes a esas personas. ¿Realmente unas albergan en su interior los «genes del éxito» y otras, en cambio, tienen unas limitaciones que simplemente deben aceptar? ¿Eran reales esas diferencias? ¿No se podían modificar? ¿A qué se debían?

Cuando llegó el momento de elegir mi futuro profesional, tenía claro que quería resolver todas mis preguntas y que necesitaba respuestas. En primer lugar, para mí (como tantos psicólogos, te lo aseguro), para comprenderme mejor a mí misma, para comprender lo que me sucedía ante mi sensación de estar perdida y mi miedo a fracasar en la adolescencia y, en segundo lugar, para entender cómo éramos realmente los seres humanos, para saber dónde están nuestras diferencias y cuáles son nuestras semejanzas, aquellas características que vienen «de serie» por el simple hecho de formar parte de la especie humana —no en vano, la más desarrollada que conocemos— y cuáles eran nuestros límites reales.

Han pasado ya muchos años desde que acabé la carrera de Psicología y no he dejado de buscar e indagar hasta encontrar las respuestas que dieran sentido a todas mis dudas. Se ha hablado mucho de la autoestima, hay numerosos libros, artículos y se realizan talleres y cursos en todas las ciudades del mundo. Esto me alegra enormemente porque, como te digo, es de importancia vital para las personas, hasta tal punto estoy convencida de su importancia que creo firmemente que debería ser una asignatura obligatoria en todas las escuelas y bachilleratos.

Mi creencia en el papel fundamental de la autoestima y el hecho de recibir cientos de correos en los que una y otra vez se me pregunta si puedo recomendar algún libro para fortalecerla me llevó a escribir este libro que aquí te presento. Es, reitero, la respuesta a todas sus peticiones, a las que sabes que siempre intento atender, y también puede considerarse la continuación necesaria de mi primer libro, *Cuando amar demasiado es depender*.

¿Por qué *Autoestima automática*? *Autoestima automática* es el libro que siempre quise escribir. Seguro que muchos se preguntarán: «¿Y por qué "automática"?». La respuesta es sencilla: la autoestima no es algo estable, puede subir o fortalecerse o, por el contrario, bajar o debilitarse, en función de las vivencias que vayamos experimentando en nuestra vida. Lo importante no es que siempre esté en el mismo punto —es imposible—, sino que, cuando nos demos cuenta de que se debilita, sepamos cómo actuar para que se fortalezca. Este libro tiene como objetivo principal mostrarte el camino más corto y directo hacia esa destreza: saber recuperar el equilibrio perdido cuanto antes, de manera casi automática.

Como puedes ver ya en el índice, se trata de un manual práctico con explicaciones, numerosos ejercicios y casos reales. Te propongo que lo leas con ganas de aprender y mejorar, y que en una mano tengas el libro y en la otra una pluma o marcador para ir subrayando todo lo que te parezca relevante. Así podrás encontrarlo con mayor facilidad cuando vuelvas a recurrir al libro, en otro momento. Asimismo, verás que al final de cada capítulo hay una hoja en blanco para que tomes nota de lo que desees recordar, resumir o redactar, y también te será útil en el futuro.

Mi objetivo es ayudar a comprender de una forma sencilla, cercana y rápida lo que es la autoestima, la importancia que tiene en cada uno de nosotros, cómo mejorarla y hacer que juegue siempre a nuestro favor. Pretendo abordar un tema necesario de una manera fácil y comprensible para que sea útil y le llegue a todo el mundo. Mi deseo es que este libro ayude a tomar conciencia, a encontrar explicaciones ajustadas para nuestras dudas y, sobre todo, lo más importante, herramientas para que todos aquellos que así lo deseen y sientan la necesidad puedan generar cambios.

Hacer cambios no siempre va de la mano de procesos largos y costosos. Está claro que si uno quiere, puede pasarse la vida analizándose y buscando más y más respuestas a sus inagotables porqués. Pero esta no es ni ha sido nunca mi filosofía.

Yo creo más en centrarnos en buscar aquello que nos está perjudicando, en comprender de dónde sale y por qué nos afecta de ese modo y, hecho esto, aprender a gestionarlo de un modo diferente o, si es posible, hacerlo desaparecer. A partir de ahí, hay que seguir con nuestra vida, fijando propósitos, cosechando éxitos y alimentando siempre relaciones saludables, con alegría y buen humor.

¿Quieres mejorar tu autoestima, sentirte mejor contigo mismo/a y apostar por más? No lo dudes, *Autoestima automática* es el libro que necesitas.

De todas maneras, antes de empezar el trabajo me gustaría que respondieras el siguiente cuestionario para que puedas comprobar cómo está tu autoestima en este momento.

TEST DE AUTOESTIMA

A continuación te propongo que realices el siguiente test para evaluar, antes de empezar este viaje, cómo está tu autoestima en este momento.

1. ¿Buscas siempre el reconocimiento de los demás?
2. ¿Dudas a menudo cuando tienes que elegir o tomar una decisión?
3. ¿Dudas hasta el punto de tener que pedir siempre la opinión a alguien más?
4. ¿Te cuesta decir «no» cuando es lo que realmente quieres decir?
5. ¿Sientes que te haces «pequeño» o incluso «invisible» ante determinadas personas o en conversaciones concretas?
6. ¿Tienes miedo a quedarte solo?
7. ¿Te preocupa en exceso hacer el ridículo ante los demás?
8. ¿Te torturas mentalmente sin piedad ni consideración, con todo aquello que consideras que has dicho o hecho mal, o que deberías haber dicho o hecho mejor?
9. ¿Tienes un miedo exagerado a volver a caer en las mismas experiencias traumáticas que ya viviste?
10. ¿Crees que no mereces amor o que te pasen cosas buenas?
11. ¿Te cuesta expresar lo que sientes por miedo al qué dirán?
12. ¿Tienes dificultad para abrir tu corazón por miedo a que luego puedan lastimarte?
13. ¿Sientes con frecuencia la seguridad de que no eres capaz de conseguir muchas de las cosas que te gustaría hacer?
14. ¿Sientes que no eres importante ni valioso como persona o que cualquiera es mejor que tú?
15. ¿Crees que por miedo a no estar a la altura has dejado escapar oportunidades importantes en tu vida?
16. ¿Tienes conductas celosas con tu pareja debido a una imagen demasiado pobre o negativa de ti mismo?
17. ¿Te comparas a menudo con los demás?
18. ¿Te criticas con facilidad?

19. ¿Te aceptas tal como eres?
20. ¿Te cuesta recibir el reconocimiento de los demás?

Si tu respuesta es «sí» a la mayoría de estas preguntas, es que tu autoestima es demasiado baja. Necesitas leer *Autoestima automática*.

¿Empezamos?

PRIMERA PARTE

SABER QUÉ ES LA AUTOESTIMA

I

¿QUÉ ES LA AUTOESTIMA?

Me gustaría que leyeras con atención este fantástico fragmento del guion de la película *Rocky VI,* en el que el protagonista, Rocky, le dice a su hijo unas palabras de inmenso valor:

> No te lo vas a creer pero un día cabías en la palma de mi mano. Te levantaba y le decía a tu madre: «Este chico va a ser el mejor del mundo, este chico va a ser mejor de lo que nadie se imagina». Y fuiste creciendo cada vez más estupendo, era fantástico poder observarte, un privilegio, y cuando te llegó el momento de hacerte un hombre y enfrentarte al mundo, lo hiciste. Pero en algún punto del trayecto cambiaste, dejaste de ser tú. Permitiste que te señalaran y que te dijeran que no sirves, y cuando empeoró todo buscaste a quien echarle la culpa, a una sombra alargada. Voy a decirte algo que tú ya sabes, el mundo no es todo alegría y color. Es un lugar terrible y por muy duro que seas es capaz de arrodillarte a golpes y tenerte sometido permanentemente si no se lo impides. Ni tú ni yo ni nadie golpea más fuerte que la vida, pero no importa lo fuerte que golpeas sino lo fuerte que pueden golpearte. Y lo aguantas mientras avanzas, hay que soportar sin dejar de avanzar, así es como se gana. Si tú sabes lo que vales, ve y consigue lo que mereces. Pero tendrás que soportar los golpes y no puedes estar diciendo que no estás donde querías estar por culpa de él o ella o de

nadie. Eso lo hacen los cobardes y tú no eres un cobarde, tú eres capaz de todo. Yo te querré en cualquier situación, pase lo que pase, eres mi hijo y llevas mi sangre, tú eres lo mejor de mi vida. **Pero hasta que no empieces a creer en ti mismo no tendrás tu vida propia.**

Es un mensaje sublime. Define a la perfección lo que hacemos la mayoría de los seres humanos. Nacemos con un potencial enorme y con nuestras experiencias, las dificultades y los golpes que nos va dando la vida, poco a poco vamos perdiendo la fe, dejamos de creer en nosotros, nos olvidamos de nuestro alto nivel de capacidades y nos repetimos una y otra vez lo inútiles, incapaces, débiles y poco importantes que somos. Nos lo repetimos en tantas ocasiones que al final acabamos completamente convencidos de ello. Por muchos éxitos que acumulemos y por mucho que logremos, nada es suficiente y seguiremos pensando que no valemos y que cualquier otro es mejor. Llegamos a lastimarnos y menospreciarnos de una manera que jamás imaginaríamos. Pero lo hacemos.

En mi opinión, estas palabras no tienen desperdicio alguno, pero si tuviera que quedarme con una frase, sin ninguna duda sería la siguiente:

«**Si tú sabes lo que vales, ve y consigue lo que mereces**».

Nuestra autoestima es una experiencia subjetiva que nos condiciona a la hora de enfrentarnos con nuestro entorno. Y lo hace porque interfiere directamente en nuestra relación con las demás personas y con aquellos retos u objetivos que nos vayamos marcando. En efecto, condiciona nuestras elecciones, nuestros límites, la manera como tratamos al prójimo y condiciona también la ambición que tendremos a la hora de plantearnos nuevas metas y propósitos.

Cuando nuestra autoestima es fuerte, todo lo vivimos mejor. Nos sentimos más a gusto, disfrutamos más de lo positivo de nuestra vida y no nos paralizan los retos o los cambios inesperados y dificultades que el día a día nos ponga en el camino.

Por el contrario, cuando no tenemos una buena autoestima, todo se vuelve gris y nuestra ruta se transforma en una dificultosa y muy inclinada cuesta. Aparecen las dudas, las inseguridades, los miedos, las comparaciones, los sentimientos de inferioridad y todos esos fantasmas que nos bloquean, nos paralizan o nos llevan a acabar renunciando a nuestros sueños más profundos y deseados. Si reflexionamos un poco podemos percatarnos de que la mayoría de las dificultades con las que nos encontramos habitualmente (siempre que no se trate de un caso de enfermedad mental) tienen su origen en una autoestima deficiente. Pensemos en los casos de ansiedad, en la depresión, el miedo al rechazo o al reconocimiento, los malos tratos, los problemas laborales, sexuales o emocionales o los suicidios. Todo pasa por la autoestima y todo empieza y acaba en ella. Hace ya muchos años que lo tenemos claro, aunque por alguna razón sigue siendo el problema más habitual y el principal motivo de infelicidad en los seres humanos.

Fue en la década de los ochenta cuando el término «autoestima» se hizo claramente popular. Empezaron a salir libros y profesionales que hablaban de la función que esta desempeña en nuestras vidas. Inicialmente se consideraba primordial hacer comprender a la gente la importancia que tiene nuestra autoestima para nosotros. Más tarde, lo importante sería, y sigue siendo, evitar que este tema se vuelva trivial y cansino. Si esto sucede, dejaremos de ser conscientes de lo importantes que somos. Por tanto, esperemos que no suceda.

Entonces, ¿qué es la autoestima?

He leído muchísimos libros que tratan sobre el tema y, a decir verdad, la mayoría de ellos explican exactamente lo mismo. Y es que, al final, por más vueltas que queramos darle, la autoestima es lo que es. La diferencia entre unos libros y otros estriba, en mi opinión, en la forma de exponer el tema y las herramientas que nos aportan para que podamos hacer un trabajo personal. Lo importante es que el mensaje sea fácil para comprender **qué** es y, por otro lado, que nos proporcione el **cómo** conseguir los cambios que necesitemos. Algunos de estos libros son especialmente amenos e interesantes, pero de todos los autores que han pasado por mis manos, me quedo sin ninguna duda con uno: Nathaniel Branden. Mi manera de comprender la autoestima, así como mi manera de trabajar con ella para fortalecerla, están muy influenciadas por este reconocido psicólogo.

Branden explica que la autoestima se forma a partir de dos pilares principales:

- Sentirnos capaces
- Sentirnos valiosos

Son dos ingredientes indispensables para que podamos construir un autoconcepto positivo o para que podamos recuperarlo (en caso de que lo hubiéramos tenido anteriormente pero que haya empeorado a causa de alguna experiencia negativa). Dicho de otro modo, la opinión que tendremos sobre nosotros mismos dependerá de lo capaces y valiosos que nos sintamos en nuestra vida.

En función de cómo se vea y se sienta una persona consigo misma en cada momento, se va a relacionar con los demás y con los acontecimientos de una manera u otra.

A continuación, vamos a ver cada uno de estos dos pilares.

Sentirnos capaces

Podríamos decir que tener una buena autoestima es sentir que tengo las capacidades y el potencial necesarios para:

- **Superar** con éxito las **dificultades** y los **cambios** con los que la vida me vaya sorprendiendo, ser capaz de seguir adelante a pesar de ellos y no quedarme en el camino.

- Conseguir los objetivos, deseos y retos que me vaya marcando. Sentir que soy capaz de llegar a cumplir mis sueños más deseados, siempre que estos sean realistas y dentro de mis capacidades reales. Sentir que tengo el potencial y la capacidad para aprender, formarme, relacionarme, mejorar o cambiar todo aquello que sea necesario para llegar a mis objetivos.

Son muchas las personas que se comparan con otras a nivel psicológico. Se sienten menos inteligentes, menos preparadas, menos capaces y con menos posibilidades, menospreciando así su enorme potencial y capacidad intelectual. No dan importancia al hecho de poseer un cerebro: un órgano potentísimo que, utilizado correctamente, puede llevarles mucho más lejos de lo que jamás han imaginado.

Son muchas las personas (principalmente mujeres) con problemas de autoimagen, debido a que consideran que no encajan con lo que a los demás les gusta o con los cánones de belleza del momento, esto es, con las características en relación con el peso, la altura... que la sociedad considera convencionalmente hermosas. Estamos muy condicionados por esas creencias y esos cánones, hasta tal punto que a día de hoy sigue siendo altísimo el porcentaje de personas que, por tener unas características físicas concretas, ya dan por supuesto que no serán capaces de conseguir determinados objetivos.

Cuando analizamos el concepto que cada uno tenemos de nosotros mismos —cómo nos vemos a nivel físico y psicológico, cuáles son nuestras cualidades y nuestros defectos— llega el momento del veredicto final, el momento en el que sacamos conclusiones y decidimos cómo somos. Esas conclusiones a las que llegamos son, de entrada, indiscutibles para nosotros, pero lo peor es que la mayoría de las veces están exclusivamente centradas en aquello negativo y limitante. Debido a cómo nos educan y a cómo vemos que funciona la gente a nuestro alrededor, tenemos mucha más facilidad para detectar y centrar nuestra atención en todo aquello que no nos gusta, aquello en lo que fallamos y que nos hace inferiores, y no damos la más mínima importancia a nuestras muchísimas cualidades, a todo aquello en lo que somos muy buenos, aquello que se nos da realmente bien y que nos hace especiales y valiosos. Tenemos una gran facilidad para detectar lo negativo y una curiosa manera de autolesionarnos psicológicamente cada vez que nos repetimos lo poco que somos sin reconocer todo nuestro potencial.

Los demás son más capaces / mejores que yo...

Sucede a menudo que nos gustaría hacer cosas —emprender un proyecto, conocer a alguien, aprender un idioma o conseguir un trabajo determinado— pero no damos ni un solo paso hacia esa dirección, porque tenemos claro (en nuestra mente) que no vamos a conseguirlo. Y seguro que habrá alguien que dirá «Bueno, claro, es que no todo el mundo tiene facilidad para los idiomas, o las capacidades necesarias para emprender un negocio o los conocimientos para conseguir según qué trabajo...»: es evidente que no todo el mundo parte de tenerlo todo a punto, pero también es indiscutible que si nos quedamos con eso, nadie saldrá de donde está.

La mayoría de las veces nos aferramos a la idea de que eso que deseamos está muy lejos y a que, como no sabemos ni por dónde empezar, es mejor quedarnos donde estamos y con lo que tenemos (aunque no encaje con lo que deseamos de verdad) que emprender ese viaje que no sabemos adónde nos va a llevar.

Emprender ese viaje o no depende de cada uno. Ahora bien, decidir que uno no es capaz ni siquiera de intentarlo es lícito siempre que después no se queje del camino que eligió, ni se sienta aprisionado bajo la piel de un ser amargado, frustrado e infeliz. Y dicho sea de paso, eso es justo lo que acostumbra a suceder.

A mí, hacer esto me parece de lo más triste y desolador. **Rendirnos sin ni siquiera intentarlo,** o a veces porque lo hemos intentado y por no haberlo conseguido a la primera ya tiramos la toalla, me parece, más que triste, frustrante: si en lugar de rendirnos tuviéramos conciencia de cuál es nuestro potencial y nuestras capacidades, podríamos conseguir muchos de esos objetivos.

También está claro que a pesar de que todos partimos de un potencial y unas capacidades que nos vienen dados por nuestra especie, entre nosotros también hay diferencias. Cada uno contamos con unos *dones* y unos *talentos* determinados que nos son innatos, y ello hará que tengamos mayor facilidad o no para conseguir ciertas cosas. Veamos el siguiente ejemplo:

> Imagina que yo tengo el mismo objetivo que Laura: conseguir trabajo en una firma de moda internacional, cuya central está en Milán. Si echo un vistazo a su currículum y compruebo que tiene la formación idónea para uno de los puestos que ofrece esa empresa y que, además, habla italiano a la perfección porque su padre es siciliano, y luego me observo a mí, que de italiano solo se decir *Ciao* y *O sole mio* y que justo acabo de empezar la maestría que se requiere para poder acceder a un puesto semejante, puedo pensar que jamás conseguiré entrar en la empresa. Y si también constato que a Laura, en general, los idiomas se le dan muy bien y tiene una gran facilidad para aprenderlos mientras que a mí me cuestan mucho, puede que incluso llegue a renunciar a mi deseo o que me obligue a olvidarlo. Es una pena.
>
> Tengo la capacidad para aprender el idioma que quiera y para acabar esa maestría,, si de verdad lo deseo y si sigo focalizándome en mi objetivo: entrar a trabajar en esa empresa. Puede que Laura parta de un punto en el que tiene ya más camino hecho, puede que a ella le sea más fácil sumar requisitos porque se le da bien y lo disfruta, pero eso no quiere decir que yo no

pueda conseguirlo. Tal vez tarde más, tal vez tenga que dar más pasos que ella para llegar al mismo sitio, pero eso no significa que no pueda llegar. Si lo deseo, llegaré. Solo tengo que copiar sus pasos, analizarla y hacer lo que ella hizo o lo que haga falta para acercarme a su nivel de preparación. Y aunque finalmente no llegue, después de esforzarme tanto e implicarme al máximo, de lo que no hay duda es que me habré acercado mucho más a mi objetivo de lo que lo habría hecho sin ni siquiera intentarlo. Y es muy probable que ese acercamiento haga que se abran muchas otras puertas para mí, puertas que igual ni me habría imaginado que estaban allí.

También es importante dejar claro que tener una buena autoestima no significa ausencia total de miedos. El miedo siempre está y es necesario porque nos ayuda a evaluar si aquella decisión que queremos tomar pone en peligro nuestra integridad física, económica, psicológica o emocional. El miedo es bueno y debería estar siempre. El problema llega cuando una vez evaluada la situación, nos damos cuenta de que no hay un peligro real y, aun así, seguimos sintiendo que ese miedo nos bloquea, nos paraliza y nos impide seguir adelante con nuestro objetivo. Cuando ese miedo no nos deja avanzar, es porque nuestra autoestima está dañada y no es lo suficientemente fuerte. Eso significa que nos sentimos inseguros y no tenemos claro que seamos capaces de afrontar las dificultades que puedan venir después de empezar a movernos hacia donde habíamos planificado. No confiamos en nosotros ni en nuestro potencial.

La consecuencia de todo ello es que no daremos ninguno de los pasos previstos y deseados para conseguir nuestro propósito, lo cual nos llevará a sentirnos fracasados, perezosos, inútiles e incapaces y, por último, nos confirmará lo que de entrada ya augurábamos: que no estamos preparados.

Todo falso, todo erróneo, todo inventado y creado por nuestra mente... pero así lo creemos, así lo sentimos y así lo confirmamos con nuestros actos.

Sentirnos valiosos

Sentirse valioso significa sentir que merecemos conseguir aquello que deseamos, que merecemos que nos pasen cosas buenas, que somos dignos, que tenemos unas necesidades y debemos expresarlas, que tenemos derecho a mostrarnos tal como somos y, en consecuencia, a ser felices.

Y es que ser conscientes de lo que valemos es, en definitiva, una manera de respetarnos. Se trata de estar muy convencidos de nuestra valía personal, tener claro que merecemos vivir, que nos pasen cosas buenas y ser felices. Con ello, podremos sentir también que somos dignos de recibir amor y ser amados y podremos rodearnos de personas que nos traten bien.

Hay que tener en cuenta que:

- Si una persona se considera valiosa y se respeta a sí misma, eso implica que también respetará a los demás y, en consecuencia, con su forma de actuar y mostrarse hará que los otros la respeten a ella.
- Si uno no se respeta a sí mismo, eso hará que probablemente adopte conductas poco respetuosas hacia los demás, mostrando claras dificultades para aceptar las diferencias. De resultas, esa persona será difícilmente respetada por los demás.
- Si uno quiere aumentar su nivel de autorrespeto, antes que nada debe conectar con sus propias creencias de valía personal y con la importancia que tiene como ser humano. Solo entonces logrará respetarse más y que las otras personas también lo traten con más respeto.

¿Me cuido a mí mismo? (autoimagen)

Uno de los factores determinantes a la hora de construir una buena autoestima y sentirnos valiosos es tener una visión positiva de nuestra autoimagen.

¿Cuál es la imagen que tengo de mí mismo? ¿Me gusta lo que veo cuando me miro al espejo? ¿Qué pensamientos se activan en mi mente cuando me observo? ¿Qué pienso de mí? ¿Qué me digo? ¿Qué opino de lo que veo?

Nuestro cuerpo es el envoltorio de lo que somos, es nuestro vehículo y debemos cuidarlo en todos los sentidos. No podemos modificar nuestras facciones (bueno, hoy en día con la cirugía hay personas que realmente las modifican, pero ese es otro tema), no podemos cambiar nuestro cuerpo. Si tengo las caderas anchas, tengo las caderas anchas. Si soy extremadamente delgada y por mucho que coma me cuesta horrores engordar, pues soy delgada. Si con mi peso ideal me veo más rellenita que otras chicas que tengo como referencia, pues ese es mi peso ideal y eso es lo que hay. Si soy mucho más bajo que la mayoría de los chicos, soy más bajo. No puedo transformar mis características físicas que vienen determinadas por mi genética. Soy así y me guste más o me guste menos, solo tengo dos opciones:

- Aceptarme (ya que no es algo que dependa de mí y no puedo hacer nada para cambiarlo). Esto me llevará a cuidarme e intentar ofrecer la mejor versión de mí mismo dentro de mis posibilidades. «Aceptación» significa no ir en contra de lo que uno es, significa abrazar en vez de rechazar, significa querer en vez de odiar y significa permitir en vez de castrar.
- Negarme a aceptarlo, rechazarme e incluso llegar a odiarme por no gustarme cómo soy. Esto me llevará a empezar a tratarme mal, a dejar de cuidarme, a verme aún peor y elegir conductas que sin duda van a empeorar esa autoimagen que tengo. Si pierdo el interés por mí mismo ya no me tendré en cuenta de la manera que debería hacerlo y, si lo hago, no será para nada bueno.

¡CADA UNO ELIGE! ¿Con cuál te quedas tú? **¿Vas a aceptarte o a negarte por ser como eres?**

Puedo asegurar que la actitud y la conducta de una persona que se siente bien consigo misma no tiene nada que ver con la de aquella que no se acepta o incluso se rechaza por ser como es. Además, el hecho de no vernos bien o no aceptarnos afecta al resto de las áreas de nuestra vida.

Debido a la presión social existente y a los cánones de belleza establecidos, en la actualidad sigue siendo altísimo el porcentaje de chicas con problemas por desórdenes alimentarios motivados porque persiguen sin descanso convertirse en alguien distinto a quienes son y no pueden percibirse tal cual son en realidad.

Su no aceptación del propio físico, debido, por supuesto, a carencias afectivas, a la desaprobación y a la falta de reconocimiento por parte de su entorno más próximo las conduce a no aceptarse como son y, al no aceptar su cuerpo, dejan de cuidarlo, de mimarlo, de tratarlo con el máximo cariño y respeto, como deberían hacer.

Nuestro cuerpo es el vehículo que tenemos para movernos por el mundo, para conseguir nuestros deseos y propósitos. Deberíamos estarle eternamente agradecidos por su labor, ¿no te parece? Deberíamos mantenerlo bien cuidado y en perfecto estado. Es como quien se compra un coche y, como lo valora, lo mantiene limpio, lo lleva a revisión cuando le toca, al taller cuando observa alguna irregularidad... En definitiva, intenta mantenerlo en buen estado, principalmente porque él va dentro.

Con nuestro cuerpo debería ser igual. Cuando una persona tiene una **buena autoestima**, se acepta tal como es y agradece que cada órgano de su cuerpo cumpla tan precisa y perfectamente su función. Siempre intenta tratarlo bien y cuidarlo: con una alimentación sana y equilibrada, realizando ejercicio físico regularmente, con una higiene adecuada, visitando al médico en caso de detectar algún síntoma, intentando verse bien y ofrecer la mejor versión de sí misma...

Cuando no nos aceptamos, normalmente se nota porque acostumbramos a descuidar nuestro cuerpo. No nos atendemos, estamos mal y todo nos da igual, tenemos conductas que son destructivas para él como fumar, beber alcohol, consumir drogas, tener horarios descontrolados con respecto al sueño (ir a dormir muy tarde, no levantarnos por la mañana...) o con respecto a la alimentación (comer mal, comer poco, darnos atracones, ayunar, provocarnos el vómito...). En muchos casos, incluso, nos autolesionamos (cortes en la piel...).

¿Por qué hacemos eso? ¿Nos lo preguntamos? No. Por lo general, nuestro principal problema es que no pensamos por qué hacemos lo que hacemos. No nos han educado para la autorreflexión y quizá si lo hiciéramos más, dejaríamos antes ciertas conductas absurdas y que no tienen ningún sentido.

Está claro que actuar de este modo, con conductas autodestructivas o autolesionándonos, nos llevará a sentirnos aún peor: si a cualquier persona la tratáramos así no cabe duda de que se sentiría muy mal, exactamente igual de mal de lo que deberíamos de sentirnos nosotros cuando nos automaltratamos.

Y volvemos al punto de siempre: lo hacemos porque no somos conscientes de lo importantes y valiosos que somos. No nos damos cuenta de nuestro potencial, de nuestras capacidades innatas por ser seres humanos, y, por si fuera poco, en estos casos nos rechazamos físicamente. **Debemos despertar, abrir los ojos, darnos cuenta, tener conciencia** de todos estos aspectos tan y tan importantes.

¿Te imaginas haciéndole esto a otra persona? Imagina que tenemos a alguien a nuestro cargo y como no nos gusta su cuerpo o su rostro, empezamos a llenarlo de pan dulce, lo hacemos fumar, no lo dejamos hacer deporte o incluso le hacemos cortes en la piel, provocándole así un gran daño... ¿Alguien lo haría? Probablemente estés pensando: «¡No! ¡Por supuesto que no!». Pues bien, no veo la diferencia entre hacérselo a otra persona y hacértelo a ti mismo. Jamás deberíamos tratarnos de ese modo. Tenemos que cuidarnos y, sin ninguna duda, a partir de cuidarnos empezaremos a sentirnos mejor. Igual que si lo hiciéramos con alguien más.

Personalmente, no deja de sorprenderme la tranquilidad y naturalidad con las que muchísima gente consume marihuana de manera habitual. Hoy cada vez hay más estudios que demuestran las consecuencias devastadoras de su consumo moderado a corto y también a largo plazo. Y lo más triste es que se está convirtiendo en una de las causas del incremento del fracaso escolar entre los adolescentes. A largo plazo, aumenta el riesgo de adicciones a otras drogas, intentos de suicidio y dependencia de los servicios sociales a partir de los treinta años. También acostumbran a ser muy claros otros efectos como la falta de concentración, de memoria y de fluidez verbal y otros más graves pero no menos frecuentes como brotes psicóticos o esquizofrenia.

Es muy importante que eduquemos a nuestros hijos desde la claridad y firmeza de unos valores que les sirvan de fundamento para distinguir y elegir. Sin medias tintas, potenciando el afecto y el reconocimiento por todo lo que hacen y por todo lo que son. Si hacemos esto, ellos sabrán donde y cuando tienen que decir que no.

Nadie es más que nadie

Nadie es más que nadie, todos merecemos ser amados, respetados y valorados por ser seres humanos, al margen de nuestros logros y nuestros errores: lo que importa es lo que somos.

Te aseguro que nuestra naturaleza no está hecha para tener una baja autoestima, sino todo lo contrario. Con nuestro potencial y nuestras capacidades, estamos preparados para vivir la vida con confianza y seguridad, para fluir, para crecer, para mejorar e ir a por más.

Todo aquel que no encaje con esa actitud es que no funciona de la manera adecuada: parte del mismo punto que los demás, tiene la misma base que cualquier otro ser humano, pero no está utilizando su potencial como debería hacerlo para sacarse el máximo partido y sentirse mucho mejor.

También creo que es importante remarcar algo que mucha gente me comenta. A veces al hablar de autoestima y de tener conciencia de lo importantes, valiosos y capaces que somos, hay quien siente un punto de incomodidad, como si algo los frenara, y no les acaba de gustar. Muchas personas me han hecho el siguiente planteamiento: «Pero, Silvia, no estoy seguro de querer aumentar mi autoestima porque a ver si ahora me voy a convertir en alguien que se cree más que los demás o la gente va a pensar que me considero superior a los demás. No quiero parecer prepotente».

Ante esa preocupación, mi respuesta siempre es la misma: no estamos hablando de que nadie sea más que nadie. Nada más lejos de la realidad. Estamos hablando de tomar conciencia de que todos tenemos unas capacidades enormes y que cada uno de nosotros somos igual de importantes y valiosos que los demás. **Nadie es más que nadie, pero tampoco nadie es menos que nadie**. Si lo pensamos bien, ¿qué diferencias puede haber entre una persona y otra? ¿Más carreras? ¿Más dinero en el banco? ¿Un sueldo más alto? ¿Tener un físico que encaje más con lo que marca nuestra sociedad? ¿Ser más talentoso en unos aspectos determinados? En verdad todos somos lo mismo y no hay ninguna diferencia entre unos y otros. Reforzar nuestra autoestima no tiene nada que ver con mirar a la gente por encima del hombro: se trata de tener claro lo que somos y vivir sintiéndonos agradecidos y dichosos por ello. Es evidente que tenemos muchísimos motivos para sentirnos agradecidos de ser humanos.

Dicho esto, al reflexionar sobre los dos pilares que comentamos, también nos damos cuenta de que el hecho de sentirnos o no capaces y valiosos influirá enormemente a la hora de marcarnos unos objetivos u otros. De entrada, no nos cuestionamos las creencias que tenemos sobre nosotros mismos, damos por supuesto que son ciertas. Así, en función de cuál sea el concepto que tenemos de nosotros mismos, haremos bien poco para afrontar y conseguir según qué retos o ya ni siquiera pensaremos en ellos: los consideraremos muy lejanos, inalcanzables.

EJERCICIO: La técnica del modelado

Si en alguna ocasión has tirado la toalla demasiado pronto y sientes que no vas a conseguirlo mientras otros lo van saboreando, te propongo que utilices la técnica del modelado. Esta consiste en aprender nuevas conductas o alcanzar ciertos objetivos a base de copiar o imitar la conducta de otras personas que lo han conseguido. Vamos a verlo con más detalle.

Cuando quiero lograr algo, las preguntas que debo hacerme son: ¿Qué hago para conseguirlo? ¿Me fijo en las personas que ya lo han hecho, que ya han llegado allí? ¿Observo cómo son, qué tienen o qué hacen de especial, de diferente a mí? ¿Hago esto?

En primer lugar, hay que buscar o pensar en aquellas personas de referencia que hayan alcanzado lo que uno desea. Está claro que si esas otras personas lo han hecho y yo no, hay un camino que debo recorrer por mi parte. Debo analizar qué tienen de diferente, ver si cuentan con algún talento especial que les ha facilitado la labor o si han logrado su objetivo por determinados rasgos de su personalidad, por una formación académica concreta...

Se trata de analizarlas al detalle, tanto como podamos para ver cómo piensan, qué sienten y cómo actúan.

Si las estudiamos en profundidad e intentamos seguir todos sus pasos, es probable que lleguemos a conseguir lo mismo o, al menos, que nos acerquemos muchísimo más que si no hubiéramos hecho este ejercicio.

Y es que al final, todos tenemos personas de referencia a quienes admiramos e imitamos. A veces ni nos damos cuenta de ello pero te aseguro que lo hacemos.

Probablemente esas personas a quienes tendemos a elegir como referencia porque llegaron a ciertas metas que nosotros soñamos con alcanzar en un futuro próximo también modelaron a otros algún día. Acostumbran a tener tres características indispensables que reúnen siempre las personas con buena autoestima:

- Tienen claro lo que quieren.
- No dudan de que pueden conseguirlo.
- Actúan. Empiezan a moverse hacia la dirección de sus objetivos y no se rinden hasta haberlos conseguido. Se implican al máximo en ello y solo miran hacia delante.

Tenemos que partir de la base de que **todos**, como seres humanos que somos, disponemos del potencial y las capacidades necesarias para conseguir la mayoría de los objetivos que nos vayamos marcando. Evidentemente hablamos de objetivos que nos fijamos estando en nuestro sano juicio, teniendo claro que son humanamente alcanzables y que hay muchas otras personas en el mundo que los han conseguido. No vamos a plantearnos cosas imposibles. Por lo general, hay muchísima gente a nuestro alrededor que ha conseguido antes que nosotros lo que con tanta ansia deseamos. Observémoslos. Vamos a analizarlos, a estudiarlos, a entrevistarlos incluso. Acerquémonos a ellos y veremos qué tienen de especial, cómo han logrado llegar y, sobre todo, cuáles son sus creencias internas. Visto eso, si estamos dispuestos a esforzarnos lo que haga falta, es muy probable que lo consigamos.

Ahora bien, la pregunta, más que si soy capaz o no de conseguirlo, debería ser otra:

¿Estoy dispuesto a esforzarme y hacer lo que haga falta para llegar hasta allí?

Si estudio a esa persona que ya lo consiguió para saber cómo es, cómo funciona, a qué dedica la mayor parte del tiempo, hasta qué punto se implica en su proyecto... pero no estoy dispuesto a imitar esos patrones, tengo que cambiar de objetivo porque, en realidad, no lo deseo tanto como creía.

Si de verdad quiero conseguirlo, habré de centrarme en ello con un nivel de implicación realmente alto.

Las personas exitosas viven pensando en sus metas, sueñan con ellas y su mente no descansa. Y no lo experimentan como una maldición que les persigue sin descanso, sino al contrario, se sienten afortunadas porque saben lo que quieren, ese «algo» que las hace vibrar y las llena de energía y excitación. Esa sensación tiene un valor incalculable. Además, vivir nuestro día a día así solamente nos puede llevar al éxito. También hay que tener en cuenta que debemos concebir el éxito como algo bueno o incluso más: maravilloso. El éxito no es malo, al contrario de lo que muchos puedan pensar. Éxito es conseguir nuestros propósitos, es experimentar nuestro potencial, éxito es vivir y sentir nuestra autoestima exudando a través de cada poro de nuestra piel. Si uno vive el presente saboreando cada regalo que va obteniendo de la vida, teniendo claro hacia dónde va y poniéndose en marcha de manera consciente hacia esa dirección, entonces el éxito es inevitable.

Hay una frase del cantautor y poeta argentino Facundo Cabral que siempre me ha gustado mucho y en la que creo totalmente: «Quien hace lo que ama está benditamente condenado al éxito».

Resiliencia

> «Recuerda que por mucho que hayas sufrido, siempre hay alguien que sufre más que tú, y ante eso solo quedan dos opciones: pudrirte por dentro o bailar al ritmo de la vida.»
>
> Película *Kamikaze*

«Cuando creas que nada puedes cambiar, recuerda que puedes cambiarte a ti mismo.»

VICTOR FRANKL

Más allá de cuáles sean las creencias que hayamos incorporado sobre nosotros mismos, tenemos innata una capacidad para adaptarnos y superar las adversidades de la vida. Es lo que llamamos «resiliencia». Un referente en este tema, es sin duda Victor Frankl, reconocido psiquiatra y neurólogo austriaco que, por su condición de judío, en 1942 fue deportado a un campo de concentración nazi junto a su esposa y sus padres. Él fue el único de los cuatro que sobrevivió. Tras su liberación en 1945, regresó a Viena y escribió su maravillosa obra ***El hombre en busca de sentido***, en la que describe cómo era la vida de un prisionero en aquel infierno, desde su perspectiva de psiquiatra. En el libro explica que incluso en las condiciones más extremas de deshumanización y sufrimiento, el hombre puede encontrar una razón para vivir. Enfatiza el hecho de que nos pueden arrebatar la libertad, la comida, nuestros derechos, pueden maltratarnos o denigrarnos, pero hay una cosa de la que solo nosotros somos los dueños: nuestros pensamientos. Aquello en lo que nos centramos y a lo que damos más importancia solo podemos elegirlo nosotros.

Ante la imposibilidad de cambiar la realidad en la que se encontraba, Frankl decidió cambiar sus pensamientos y con ello la interpretación de aquellos duros acontecimientos.

Se ha discutido acerca de si esta capacidad era innata o adquirida, pero hoy sabemos que, si bien es cierto que es inherente a todo ser humano, su desarrollo se verá favorecido o no en función del entorno en el que crezcamos. Así, dependiendo del entorno en el que hayamos crecido seremos resilientes —es decir, tendremos flexibilidad para asumir determinadas situaciones límite y sobreponernos a ellas— o bien personas frustradas, victimistas o con tendencia a la negatividad.

Sea cual sea nuestra realidad y por mucho dolor que estemos sintiendo, al leer el libro de Frankl tomamos conciencia de que si algunas personas tuvieron la capacidad de afrontar algo tan duro como lo hizo él, también tendremos la capacidad de superar cualquier cosa que nos pueda pasar en nuestro día a día. Por lo menos, me gustaría que tuviéramos claro que la capacidad para hacerlo está en nosotros. A partir de ahí, podemos elegir vivir aquellos hechos desde la desesperanza y la resignación, o hacer lo que haga falta y esté en nuestras manos para cambiarlos.

¿Cómo hacerlo? ¿Cómo conseguir esa transformación? Enseguida te voy a detallar cuáles son las pautas básicas para ser más resiliente:

- **Deja de quejarte y sobreponte a los acontecimientos duros / difíciles / traumáticos**: Aunque nos haya sucedido algo muy doloroso para nosotros, ante la imposibilidad de cambiar esa realidad (si ello es así, esto es, no podemos hacer nada para cambiarlo porque no depende de nosotros) antes que nada debemos dejar de quejarnos, de actuar desde el victimismo, que no nos ayuda a cambiar nada y aún nos hace sentir peor. Aceptar la realidad es algo absolutamente necesario si queremos seguir avanzando.
- **Busca las propias fortalezas y capacidades**: Si ya tenemos claro que sucedió eso y que hay que aceptarlo, debemos buscar nuestros puntos fuertes, nuestras capacidades, nuestros dones, lo que nos conecta con nuestra fuerza interior y que nos ayudará a salir de allí. Es bueno pensar en todas las situaciones complejas que hemos superado anteriormente en nuestra vida gracias a ese potencial maravilloso que llevamos todos dentro.
- **Piensa de manera constructiva**: Es muy importante que no nos hundamos cuando algo no sale como queríamos. Debemos aprender a ver los problemas o las

crisis como oportunidades para cambiar cosas y mejorarlas. De nada sirve quedarnos atascados, debemos buscar la salida a partir de ese «fracaso»: focalizarnos en otros objetivos, confiar en que la vida nos tiene preparadas muchas sorpresas agradables y empezar a mirar hacia delante. Es básico el compromiso con nosotros mismos y la responsabilidad para mejorar esa situación o hacer que se produzca un cambio o mejora. Y, sobre todo, sin olvidar y confiar en que el potencial y las capacidades para salir de ese problema o crisis están ya en nosotros.

- **Involúcrate más**: Implícate más en tus relaciones personales, preocúpate por los demás e intenta cuidarlos. Nuestra red social es absolutamente vital para nuestra felicidad y si no cultivamos esos vínculos, en los momentos difíciles nos vamos a arrepentir. Somos seres sociales y necesitamos relacionarnos. Por ello, es de gran importancia cuidar estas relaciones.
- **Sé asertivo**: Intenta convertirte en una persona asertiva y honesta contigo y con los demás. No te esfuerces en intentar ser alguien que no eres solo por complacer. Sé auténtico y di lo que sientas y pienses. Aprende a decir «no» cuando esto sea lo que quieres decir.
- **Actúa**: Es determinante que ante las dificultades y problemas consigamos seguir adelante. Debemos redefinir de nuevo nuestros objetivos y propósitos, ya que a lo mejor con los cambios deben ser modificados. Una vez hecho esto, hay que ponerse en marcha. Sin detenerte. Tal como le decía Rocky a su hijo: «La vida volverá a golpearte y no importa lo fuerte que golpees, sino lo fuerte que pueden golpearte... Pero tú eres capaz de todo, y hasta que no empieces a creer en ti, no tendrás tu vida propia».

Resumen

Tener una buena autoestima es sentir que tenemos las capacidades para seguir adelante con nuestra vida, alcanzando retos y superando dificultades, y sentirnos importantes y valiosos, merecedores de todo aquello bueno que deseemos o que nos suceda. Se trata de aceptarnos por ser como somos y comprender que tenemos un potencial muy grande. Lo que no depende de nosotros debemos aceptarlo y ver, a partir de ahí, cómo podemos mejorarlo. Lo que depende de nosotros, debemos tenerlo claro y estar dispuestos a implicarnos, comprometernos y hacer lo que haga falta para que nos lleve o, por lo menos, nos acerque lo máximo posible a donde queremos ir.

Tener una buena autoestima es confiar en nosotros, sentirnos competentes para la vida y merecedores de felicidad. Esto nos conducirá a afrontar la vida con mayor seguridad, benevolencia y optimismo y podremos superar cualquier reto y cualquier dificultad. La confianza y la seguridad son la base necesaria para sentirnos bien en todas las áreas de nuestra vida. Por ello decimos que tener o no una buena autoestima nos afecta prácticamente en todo: en el trabajo, con los amigos, con la pareja y con los propios retos personales.

NOTAS

2

¿CÓMO SE CONSTRUYE LA AUTOESTIMA?

Si de vez en cuando nos detenemos de nuestra ajetreada vida y analizamos a la gente que tenemos alrededor, o si simplemente queremos comprender el porqué de aquello que nos sucede o nos hace sentir mal, nos damos cuenta de que hay seres que se sienten muy bien consigo mismos mientras que otros no se valoran en absoluto, y se hacen daño sin ser conscientes de ello.

¿Por qué algunos de nosotros tenemos una muy buena autoestima y otros la tenemos nefasta? ¿Por qué hay quien se siente bien consigo mismo y hay quien se odia con el más absoluto sentimiento de rechazo? ¿Qué sucede en realidad? ¿Se nace con una autoestima determinada o es algo que aprendemos y vamos incorporando en función del entorno en el que nos encontramos?

Los estudios han demostrado que el 30 por ciento de nuestra autoestima está determinada por nuestro equipaje genético. Esto significa que nacemos con una predisposición a ser más positivos, a valorarnos más y a ver el lado bueno de lo que sucede. Pero estamos hablando de tan solo un 30 por ciento, no lo olvidemos. Es un porcentaje muy pequeño si lo comparamos con el 70 por ciento restante. Como te puedes imaginar, de esta segunda parte se encarga el entorno en el que nos encontramos: nuestra familia, la educación, los valores, el afecto que recibimos, las experiencias traumáticas que vivimos... El factor ambiental es completamente determinante y, por suerte, el que se puede modificar. Por ello es el más importante.

Son numerosos los casos estudiados de personas con una predisposición genética muy buena a valorarse y sentirse bien con su vida, pero que han desarrollado una autoestima muy pobre debido a crecer en entornos hostiles y llenos de oscuridad emocional y carencias afectivas.

Y también están los casos de individuos con dificultades para valorarse a sí mismos que, por encontrarse en un entorno lleno de reconocimiento y positivismo ante la vida, se han mimetizado con esa forma de ser y actuar.

La información que acabo de exponer es, sin duda, una magnífica noticia, puesto que nos hace ver que independientemente del nivel de autoestima que tengamos, siempre estamos a tiempo de potenciarla para sentirnos mejor.

¡Esto es fantástico! ¿No te parece?

Aun así, antes de entrar en detalles de cómo actuar para mejorar la autoestima, que me imagino que es lo que más te interesa, creo sumamente importante y necesario que entendamos bien y tomemos conciencia de cómo se crea la autoestima. Principalmente se trata de darnos cuenta de cómo se ha creado «**nuestra**» propia autoestima, la de cada uno de nosotros.

Hay dos etapas en la vida de cada persona que serán determinantes para el buen desarrollo de su autoestima: la infancia y la adolescencia, siendo la primera la más importante y significativa en la mayoría de los casos.

Infancia: libro en blanco y creencias

Al nacer, los niños somos como un libro que está en blanco. Aparecemos en este mundo y de entrada hacemos poco más que observar y llorar (es nuestra manera de empezar a entrar en contacto con el nuevo entorno y comunicarnos con él). El bebé llora para que el adulto sepa que tiene que satisfacer sus necesidades básicas de nutrición, cuidado y afecto. Con ello va creciendo, poco a poco, día a día. Lentamente y sin que apenas nos demos cuenta, va interactuando cada vez más con nosotros. Es como una esponja, lo absorbe todo, y su cerebro, una especie de disco duro que no tiene aún ningún programa instalado.

El bebé, si no tiene ninguna anomalía o enfermedad, podrá desarrollarse muchísimo a todos niveles y crecer en todas las áreas de su vida. Su cerebro y su cuerpo, con los programas correctos, pueden llevarlo a donde quiera.

A partir de ahí, el niño va creciendo y entra en la infancia (etapa determinante). En ella lo que hace es ir capturando información sin cesar. Una vez capturada, la va absorbiendo, archivando e instalándola a modo de programas en su disco duro. Con ello se va programando poco a poco. Dicha información la recibe principalmente de sus padres, que son a quienes más observa, y puede versar sobre múltiples temáticas —el dinero, el trabajo, las relaciones con otros, el mundo en general, la salud...—. Pero, lo más importante, también capta información sobre sí mismo, sobre cómo él es visto a través de los ojos, comentarios y actitudes que tienen sus padres hacia su persona.

Aunque a menudo no nos acordamos de casi nada de esa etapa, nuestros padres nos han transmitido muchísima información sobre cómo nos veían. No solo con comentarios, sino también con sus actitudes. Con las muestras o las carencias a nivel afectivo, con su presencia o con su ausencia.

El modo en que cada uno de ellos se relacionó conmigo hará que yo tenga unas creencias sobre como soy u otras.

Si uno de ellos o ambos se relacionan conmigo con frases como «Oye, ¿qué pasa contigo? ¿Por qué no haces nada bien? Es que eres torpe... Deja que lo haga tu hermano, él seguro que lo hará bien» o «¿Sacaste un ocho?

Tendrías que haber sacado un nueve... No sé qué vamos a hacer contigo... ¡Uf!». Estos mensajes harán que yo vaya archivando una serie de creencias sobre mí mismo en mi interior del tipo: «No soy capaz», «No puedo», «No soy suficiente», «No soy importante», «No soy valiosa»...

El niño que está escuchando esto en boca de su padre no se cuestiona si este tiene razón o no, si lo dice porque a él también se lo decían o porque no se da cuenta. El niño lo recoge y lo archiva. Para él, si lo dice el padre es porque eso es así y no hay más que hablar. Por esta razón son tan importantes los mensajes que los padres damos a nuestros hijos. Cuando un niño es educado desde el reconocimiento («Tú puedes», «Eres importante y valioso»...), el afecto y el respeto, crece de una forma completamente diferente a cuando lo educan a través de la desaprobación, la burla o el menosprecio. El pequeño va a creer lo que reciba, sea bueno o malo. Él no tiene la capacidad de razonar y lo va a archivar por defecto. Está claro que las consecuencias pueden ser muy graves y, lamentablemente, así suele ser.

A veces no hay una desaprobación tan directa y clara, pero la ausencia del padre o la madre hace que el niño se sienta abandonado o se considere poco importante para el progenitor ausente.

Algunas de las **creencias limitantes** que con mayor frecuencia tenemos son:

No soy importante	Soy débil
No soy valioso	Soy tonto
No soy capaz	Soy feo
No soy suficiente	Soy vulnerable
No puedo	Soy una mentira

Si reflexionamos sobre estas creencias llegaremos a la conclusión de que en verdad no son ciertas. A pesar de ello, no podemos evitar sentirnos así.

En realidad todos nacemos para ser emprendedores, somos curiosos, tenemos ganas de aprender y si nos estimulan de la manera adecuada está comprobado que nuestro desarrollo va mucho más allá. Lo que ocurre es que tanto la escuela como la mayoría de los padres nos educan de tal modo que, sin querer, nos van cortando las alas y vamos transformándonos en el modelo socialmente aceptado por el resto. En vez de preocuparse por qué es lo que verdaderamente nos apasiona, nos presionan para que saquemos las mejores notas y para que consigamos un trabajo fijo, aunque en realidad no nos guste. Y así es también como empezamos a tener miedos, a compararnos con los demás y a sentir angustia si no llegamos donde los demás esperaban. Es un error, un estrés y una pena.

Siempre que acude alguien al consultorio que me confiesa que no se gusta en ningún aspecto —se encuentra físicamente horrible, poco inteligente, sin ninguna cualidad..., tiene, en suma, un bajísimo concepto de sí mismo que, además, provocará que se enganche a la primera persona que muestre interés en él, lo que generará una dependencia emocional— resultan ser personas con carencias enormes de afecto en su infancia. Han sido niños a quienes no les han prestado ninguna atención, a quienes jamás les han dicho un «te quiero» o, lo que es más grave, quienes nunca han sentido afecto. Siempre es duro cuando alguien te explica su historia y te cuenta que su padre o su madre jamás le ha dado un abrazo o jamás le ha reconocido nada bueno, jamás se ha mostrado orgulloso de él o le ha hecho sentir lo importante que era. Es comprensible que quien ha vivido una historia así tenga dificultades para sentirse importante, valioso y capaz. Por el contrario, lo que han aprendido de la relación con sus padres es que no valían, que no merecían afecto y que, por mucho que se esforzaran, nunca hacían nada bien como para recibir su reconocimiento.

Cuando en nuestra infancia incorporamos **creencias limitantes** que nos han hecho más bien vulnerables o destructivos con nosotros mismos, al crecer y hacernos adultos, podemos comportarnos de dos maneras diferentes:

- Como víctimas: Son aquellos que van por la vida literalmente *de víctimas*, como almas en pena, sintiéndose desgraciados, siempre quejándose y expresando todo lo malo que les pasa (por supuesto sin buscar solución).
- Sobrecompensando: Es decir, inconscientemente, para que nadie vea que yo no soy capaz o que no soy valioso o que no puedo, me voy a esforzar muchísimo más de lo habitual y así no se van a dar cuenta. Son personas que a nivel laboral o de cara a los amigos son exitosos, fuertes y capaces. Si le preguntamos a cualquier persona que los conozca cómo los ven, normalmente todo el mundo contestará que muy fuertes y capaces. Pero, en cambio, quien sobrecompensa, por mucho éxito que tenga, por muchas cosas que consiga, por mucho que lo reconozcan y le agraden los halagos, no puede evitar seguir sintiendo (en el fondo de su corazón) que la realidad no es así.

De hecho, tanto si actuamos desde la víctima como si sobrecompensamos, partimos de unas creencias negativas y limitantes que son las que nos llevan a actuar así en vez de ser auténticamente nosotros, con aceptación, respeto y ganas de mejorar.

Es muy importante que trabajemos en nosotros para encontrar cuáles son estas creencias que limitan y bloquean nuestro camino hacia el bienestar.

En la última parte del libro, te explicaré la teoría del PEC que también te ayudará a acabar de entender cómo funcionamos, pero de momento te quiero proponer un ejercicio práctico que seguro te ayudará en este punto.

EJERCICIO: Descubre si victimizas o sobrecompensas

Responde y reflexiona en las siguientes preguntas:

- Si preguntáramos a aquellos que te rodean si te ven una persona capaz o no, ¿qué dirían? ¿Cómo crees que te ven ellos? ¿Te ven igual que te ves tú?
- Si analizas de manera racional tu trayectoria (tus éxitos, lo que has conseguido, las dificultades que has superado, los aprendizajes que has tenido, la madurez que has adquirido...), ¿eres consciente de que, a pesar de lo que sientas y de no disfrutarlo, has conseguido muchas cosas?
- ¿Te esfuerzas (aunque sea de manera inconsciente) en mostrar una imagen que no encaja con la que tú tienes de ti mismo?
- ¿A veces te sientes un farsante, un impostor, al pensar que los demás creen que eres algo que no eres en realidad?
- Cuando estás con personas de confianza, ¿no puedes evitar derrumbarte y mostrarte débil y vulnerable, quejándote de todo y haciéndote daño con tus comentarios autodestructivos y demoledores hacia ti?
- Incluso a veces puede ser que pases de un rol más de víctima a uno de sobrecompensar. En el trabajo o con amigos a veces tendemos más a actuar como nos gustaría que nos vieran, en parte porque así nos sentimos menos vulnerables y, por ende, menos expuestos a posibles daños. En cambio en climas de confianza con familiares o amigos muy íntimos no podemos evitar irnos al otro extremo, mostrándonos débiles, pesimistas, extremadamente negativos y derrotados.

Haz una revisión de cómo actúas en todas estas situaciones que te propongo. Si es necesario cierra los ojos y piensa en ello unos instantes. ¿Cómo te muestras al mundo? ¿Cómo te relacionas con los demás? ¿Qué papel adoptas?

Recuerda que no hay un rol bueno y otro malo. Ninguno de los dos es adecuado, ya que ambos parten de la creencia de que no estamos en el nivel mínimo donde tendríamos que estar, sino que creemos estar por debajo.

El caso de Marcos

El padre de Marcos casi nunca estaba en casa. Ahora cuando él lo recuerda e interpreta desde su punto de vista adulto, afirma «Bueno, claro, pero él tenía que trabajar duro —era transportista y conducía un tráiler— para que nosotros pudiéramos comer y subsistir», algo completamente cierto y lícito, pero que a ojos de un niño de seis años no justifica la ausencia de un padre: él quería tenerlo a su lado y punto. No entendía que tuviera que trabajar tantas horas y que eso conllevara que casi no pudiera verlo con más frecuencia ni compartir más ratos con él. El niño no razona como lo haría un adulto, simplemente lo necesita y sufre su ausencia. Y eso le deja una huella. Marcos aún recuerda la alegría que sentía cuando estaba en casa, haciendo los deberes con su madre y sus dos hermanos, y de repente escuchaba que alguien abría la puerta principal de la casa. Sabía que era su padre y corría a recibirlo lanzándose en sus brazos. Para Marcos, su padre era su referente y fue duro para él no tenerlo a su lado con frecuencia. Nunca había relacionado su sentimiento de ser poco importante y poco valioso para los demás con un padre tan ausente físicamente. Eso es algo que sucede muy a menudo. Desde nuestro adulto podemos justificar a un padre que no ha estado presente, podemos entenderlo o incluso pensar que ha hecho lo correcto, pero es ese niño quien vivió aquella situación, no nuestro adulto. Y eso implica no poder entender por qué su padre no estaba presente ni evitar sentir ese vacío en su interior. Cada vez que se iba y durante los días que pasaba sin él, sentía más profundamente que el padre prefería irse antes que estar junto a él, que no era suficientemente importante para el padre como para que se quedara en casa. Marcos se iba programando con unas creencias erróneas —«No soy importante, no soy valioso, no soy suficiente...»— que definirían el camino a través del cual caminaría el día de mañana y marcarían claramente sus pasos y su autoestima.

El caso de Marcos es muy frecuente, y debemos remarcar que siempre que analizamos *de dónde venimos*, lo hacemos partiendo de la base que nuestros padres lo han hecho lo mejor que han podido y han sabido, de eso que no nos quepa la menor duda. Por lo general, ellos lo hacen todo pensando en nosotros y en nuestro bienestar y no podemos olvidar que ellos, a su vez, también han sido niños que han crecido en un entorno determinado, con sus carencias y necesidades. Pero, aun así, el caso es que aunque lo hagan con su mejor intención, a veces no lo hacen de la manera más adecuada para el buen desarrollo de nuestra autoestima. Es una pena, pero nadie nos enseña a ser padres. Una tarea tan difícil y tan importante como esta y no hay donde podamos aprender cómo hacerlo bien, qué es lo más recomendable y qué es lo que más afectará al futuro de nuestro hijo, para actuar de un modo u otro. Nos falta información y conciencia.

A pesar de ello, no hay ningún trauma ni ninguna situación que una vez descubierta y analizada no podamos cambiar. Sea lo que sea lo que hayamos vivido, podemos seguir adelante más fortalecidos siempre que así lo deseemos.

El caso de Olivia

Olivia es la mayor de dos hermanos. Jorge, el pequeño, nació cuando ella tenía tres años. Me explicaba que sentía que su autoestima siempre había sido muy baja, pero no entendía por qué. «En mi familia nunca me faltó cariño, mis padres nos han cuidado siempre y nos han dado lo mejor a mi hermano y a mí. No entiendo por qué soy tan insegura, por qué siempre dudo de mí y de mis capacidades, siempre me comparo con los demás y me hago pequeña ante cualquiera. Mis padres tampoco lo entienden, siempre me dicen que con lo que han invertido y todo lo que nos han dado, no logran comprender por qué soy así...». Seguro que muchísimos de ustedes se sentirán identificados con la situación de Olivia porque es un caso que ocurre con gran frecuencia.

Al analizar y profundizar un poco más en su historia, Olivia fue abriendo las puertas de su mundo emocional y mostrando los recovecos en los que se escondía la información más importante que la ayudaría a comprender lo que le sucedía.

Sus padres, como siempre, habían hecho lo mejor que habían creído y siempre pensando en el bien de Olivia. Ellos tenían bastante que ver con lo que le sucedía. Su padre, un abogado de éxito, era una persona extremadamente perfeccionista y, en consecuencia, muy exigente. Su madre se encargaba más de cubrir las necesidades básicas de sus hijos (alimentación y cuidado), no interfería demasiado en la educación y ocupaba un segundo plano en el que se sentía cómoda. Jorge, siempre fue un niño muy inteligente, estudioso y crecía como si fuera una copia del padre. Le gustaban las mismas cosas y decidió también estudiar Derecho para convertirse más adelante en un abogado de referencia. Olivia quería ser artista. Deseaba desde niña estudiar arte dramático y crear... Pero su padre puso los argumentos más convincentes encima de la mesa hasta conseguir que ella entendiera que ser artista no era una profesión suficientemente sólida como para darle la calidad de vida y la seguridad a la que ella estaba acostumbrada. Se lo repitió tantas veces y de tantas maneras distintas que al final ella se lo creyó y decidió estudiar arquitectura. Aparentemente estaba convencida de ello, pero le costó horrores terminar la carrera. No estaba nada motivada, aunque se esforzaba lo inimaginable por complacer al padre, quien la «animaba» con frases como: «Mira tu hermano, se está sacando cada curso con las mejores notas de su promoción, a ver si te sirve de ejemplo y haces como él, que puedes hacerlo mucho mejor, Olivia...» o «¿Aprobaste todo? Muy bien..., aunque estas notas son muy mejorables, ¿eh, Olivia?... A ver si nos esforzamos un poco más...». Ese tipo de mensajes son completamente destructivos para nuestra autoestima. Él lo hacía con la mejor de sus intenciones, de eso no cabe la menor duda, pero lo hacía fatal, de eso tampoco hay duda. Con esos mensajes, Olivia no hacía más que debilitarse, compararse con su hermano y vivir su necesidad de conseguir que su padre se sintiera orgulloso de ella como una lucha constante. Era agotador. Aun así, acabó la carrera y consiguió un buen trabajo en un estudio de arquitectos de Madrid. Hoy está contenta con la vida que tiene, aunque nunca ha dejado de preguntarse cómo habría sido su vida si hubiera seguido su pasión. Olivia es una mujer que, por mucho éxito que tenga, se siente insegura, tiene que confirmar siempre y pedir segundas opiniones a sus compañeros antes de decidir nada, y por mucho que la reconozcan siempre se quita mérito. Es como si tuviera a su padre metido en la cabeza diciéndole: «Bueno, no está mal, pero podrías haberlo hecho mejor... Tu compañero Óscar seguro que lo habría mejorado...».

Como ves, Olivia no es así porque sí. Su historia ha hecho que su autoestima se fuera construyendo de ese modo, con esas partes más vulnerables que hay que reforzar. Para ella, entender esto fue determinante y a partir de ahí, pudimos empezar a trabajar para reforzar su autoconcepto y conseguir que se ajustara mucho más a la realidad de su potencial y sus capacidades.

Es muy probable que el padre de Olivia también tuviera un padre muy exigente que estuviera obsesionado en que él diera más y llegara más lejos. Ninguno de ellos lo hacía adrede ni tenía la menor conciencia de lo que aquello podía suponer para la autoestima de sus hijos. Dependiendo de la carga genética de cada uno, le afecta de una manera u otra. Así, por ejemplo, el hermano de Olivia lo vivió con normalidad y sin ponerle demasiado esfuerzo se fue mimetizando con su padre y siguiendo sus pasos. Se sentía cómodo con ello. Pero Olivia tuvo que renunciar a lo que ella sentía para poder seguir los pasos que le marcaban y hacer lo que se esperaba de ella. Eso no la hacía feliz ni la conectaba con sus sueños, por lo que el camino se le hacía mucho más duro y cuesta arriba. Aun así, ella se obligaba a seguir adelante, a pesar de que en cada paso que daba perdía un pedacito de autoestima. Eso no significa, sin embargo, que para que Olivia sea feliz tenga que renunciar a su trabajo y su carrera y ponerse a estudiar otra cosa. Habrá quien decida esa opción, pero no es algo imprescindible. Se trata de comprender todo esto para que cambiemos aquello que nos está generando inseguridades, miedos y malestar. Se trata de, una vez comprendido esto, aprender a manejar las herramientas para fortalecer nuestra autoestima y mantenernos en un estado de bienestar que sea lo más permanente y estable posible.

Está claro que también hay niños que crecen en ambientes en los que se potencia el reconocimiento y la aprobación de las conductas positivas, pero en este libro nos centraremos en el resto, que son los que más necesidad de cambio tienen.

Adolescencia

La adolescencia es una de las etapas de la vida en las que la autoestima de la persona fluctúa de manera más significativa. Se calcula que más de la mitad de los adolescentes sufren en su día a día a causa de una autoestima demasiado baja.

Los estudios han demostrado que uno de los períodos más significativos en los que encontramos una bajada considerable en la percepción de sí mismos y de sus capacidades es el comprendido entre los ocho y los trece años, y es más marcado en las niñas. Pasan de ser los mayores en la escuela primaria a ser los más pequeños en la secundaria y eso puede conllevar un cierto grado de ansiedad para un gran número de ellos. Pueden sentirse inferiores o inadecuados y se comparan mucho con los demás. Esta sensación les puede volver aflorar siempre que se enfrenten a un cambio de grupo o de curso, y se produce porque no tienen un sentido de identidad suficientemente fuerte, es decir, no tienen claro quiénes son y qué es lo que quieren hacer (hacia dónde van). La confusión generada por tener que empezar a tomar decisiones importantes y no tenerlas claras provoca que aumente su sensación de ser inadecuados o no ser suficientes.

¿Cómo podemos saber si un adolescente tiene la autoestima baja?

Hay muchísimas señales a través de las que podemos interpretar cómo es la autoestima de un adolescente. Vamos a ver algunas de las que, por lo general, nos mostrarán que algo no va bien en ese sentido:

- Caminan o están la mayor parte del tiempo con la cabeza baja, mirando al suelo, como si quisieran esconderse o desaparecer.
- Evitan deliberadamente el contacto visual cuando hablan. Es su manera de evitar que los demás se den cuenta de lo «poco valiosos» que son (según su punto de vista claramente distorsionado).
- Cuando hablan, utilizan con mucha frecuencia frases negativas sobre sí mismos, como por ejemplo: «Nunca podré hacerlo», «No sirvo», «No soy capaz», «Siempre lo hago mal», «El mundo estaría mejor sin mí»...
- Hablan mal de los demás: criticar o hablar mal de otros es una clara señal, tanto en adolescentes como en adultos, de tener una baja autoestima. Apuesto a que en este preciso instante te vienen a la cabeza ciertas personas de tu entorno, ¿no? Pues ahora ya sabes que esto es debido a tener la autoestima demasiado baja.
- Tienen reacciones muy exageradas, dramatizan para llamar la atención de los demás.
- Algunos de ellos (y también pasa con los adultos) siempre están explicando sus proezas y haciendo saber a los demás lo buenos que son. Esto es algo que hacen para convencerse a sí mismos.
- A menudo hablan o reaccionan de manera agresiva, especialmente con los padres, que es con quienes tienen más confianza y quienes saben que no les van a abandonar, pase lo que pase.

- Evitan situaciones en las que tengan que relacionarse a nivel social. Al sentirse poco adecuados, no quieren mostrarse o tener que esforzarse ante los demás.

* * *

En muchas ocasiones, el hecho de que los **adolescentes** acudan al consultorio de un psicólogo es debido a que los padres ven que es muy necesario que hagan un proceso terapéutico, hasta el punto de que son ellos mismos los que piden cita para el hijo, insistiendo e incluso obligándolo a ir. No es lo más idóneo. Es muy importante que el propio adolescente tenga claro y decida por sí mismo que quiere visitar a un psicólogo porque hay algo en él que lo hace sufrir mucho y desea cambiarlo para conseguir estar mejor. Si a pesar de ello el adolescente no quiere acudir al consultorio y los padres tienen claro que le iría bien y que lo necesita, yo siempre les propongo el reto de conseguir **que quieran venir a hacer tan solo una sesión**. Se trata de pactar con ellos que vayan una vez y dejarles claro que si no les gusta la experiencia o no se sienten a gusto, jamás les volverán a hablar del tema. Que sientan que, una vez hecha la primera sesión, son ellos mismos los que tienen la libertad de decidir si quieren seguir (en caso de que les haya gustado y vean que realmente aquella persona los entiende y los puede ayudar a estar mejor) o no. Es importante que tengan claro que son ellos los que deciden, no sus padres, porque son ellos los que saben si se sienten bien o si necesitan ayuda en algún aspecto. Por muy claro que los progenitores lo tengan y por muy evidente que sea la necesidad de ayuda, hay que conseguir que ellos sientan que toman la decisión. Es la única manera de que abran su corazón y colaboren para un proceso efectivo y potenciador.

Cuando lo hacemos así, siempre deciden volver y son maravillosos, moldeables y muestran muchísimas ganas de fortalecerse y estar mejor.

La etapa de la adolescencia es una época de muchos cambios internos y externos, en la que nuestra personalidad se está formando. Por este motivo, estamos más sensibles a aquello que ocurre a nuestro alrededor, sobre todo en cuanto a lo que se refiere a la interrelación con los demás. De niños, lo que más nos importa es ser aceptados y reconocidos por nuestros padres. En la adolescencia nos importa especialmente lo que piensen o crean de nosotros nuestros compañeros.

Ser un adolescente al que todos consideran el líder de la clase y desean que forme parte de su equipo deportivo, por ejemplo, es diametralmente opuesto a ser un adolescente rechazado e insultado por sacar las mejores notas de la clase, por tener la cara llena de granos o un poco de sobrepeso y que se rían de él al pasar. Las experiencias de un adolescente y otro son, asimismo, completamente distintas.

Teniendo en cuenta la extrema sensibilidad que hay en nosotros en esa etapa, las experiencias desagradables pueden ser totalmente devastadoras. Nos pueden llevar a sentir una inseguridad enorme, a dejar de estudiar, tomar drogas, hacer un cambio radical, dejar de comer o incluso intentar suicidarnos. Es muy importante que los padres presten mucha atención a sus hijos para que no les pase desapercibido ninguno de estos cambios en ellos. Acercarnos, preguntarles, hacerles sentir que nos preocupan y que estamos allí sin juzgarlos, criticarlos o agobiarlos puede suponer para ellos el mejor bálsamo.

El caso de Sonia

Sonia tenía claro por qué su autoestima era tan baja. Su infancia la recordaba bien, sus padres estuvieron ahí, recibió afecto y se sintió querida y valiosa para ambos. Era hija única. Sus dificultades llegaron en la adolescencia, que es la otra etapa determinante para la autoestima, una vez superada la infancia. A sus catorce años, a causa del trabajo de su padre, tuvieron que trasladarse a otra ciudad, con lo que ello implica para un adolescente: alejarse de sus amigos de toda la vida, marcharse de su pueblo natal en el que se sentía segura y feliz, y empezar de nuevo con todo. Y por si eso fuera poco, el cambio tuvo lugar a mitad del año escolar. En el nuevo colegio, todo era diferente. Ella era bastante tímida, rasgo acentuado por el hecho de no conocer a nadie allí. Un grupo de niñas empezó a reírse de ella, no la acogieron como ella necesitaba y se fue aislando cada vez más. La trataban de manera despectiva, se reían de ella porque tenía un poco de sobrepeso (debido a la ansiedad que le provocaba todo aquel proceso) y nadie la quería en su grupo cuando tenían que juntarse para hacer algún trabajo o actividad en clase. Fue un horror. Dejó de comer y cayó en un peligroso proceso de anorexia, no quería estudiar y solo deseaba morirse. Sus padres no comprendían qué le ocurría porque ella no les explicaba nada. En el colegio le decían que tampoco entendían lo que sucedía, y así pasaron un par de años. Fue entonces cuando la conocí yo. Era una chica fantástica, increíblemente madura y lista, y con un potencial abrumador. Le había faltado recibir el apoyo adecuado. Sus padres no supieron cómo ayudarla, en parte por su hermetismo y en parte por no querer ver lo que ocurría. A veces por miedo, negamos algo que tenemos ante nuestros ojos, y si eso lo hacemos con un hijo, las consecuencias pueden llegar a ser muy graves.

Por suerte Sonia les pidió a sus padres que quería ir a ver a un psicólogo, y así fue como acabó en mi consultorio. Me encantó trabajar con ella. Siempre he pensado que ayudar a fortalecer la autoestima a un adolescente es un trabajo muy agradecido porque están en un momento de cambio, y si lo afrontan con fuerza y seguridad, su rumbo puede redefinirse hacia un futuro muy diferente. El hecho de que fuera ella la que quisiera trabajar sus inseguridades era también algo que nos aseguraba el éxito del proceso. La transformación de Sonia fue extraordinaria y con poquísimas sesiones salió la hermosa y triunfadora joven que llevaba dentro. Segura, lista y enfocada hacia delante, no tengo ninguna duda de que Sonia llegará donde se proponga.

Pautas básicas para ayudar a un adolescente a reforzar su autoestima

1. En primer lugar hay que entender qué es lo que le está sucediendo. Tenemos que conocer bien al adolescente y fijarnos en qué aspectos de sí mismo se siente especialmente capaz, importante o seguro y comprender por qué está mostrando claros signos de baja autoestima. Hay que detectar qué es lo que está fallando, qué ha sucedido para que se produzca este cambio.
2. Sabemos lo importantes que son los compañeros y amigos para los adolescentes. Sin embargo, no hay que dejar de lado la gran importancia que tiene para ellos sentir el apoyo emocional por parte de los adultos. Hay estudios que demuestran lo determinante que es tener un ambiente estable y de apoyo a nivel familiar. Cuando cometen errores, es básico que nos sentemos con ellos y les prestemos nuestro apoyo para ver dónde se han equivocado, que asuman sus errores y encuentren con nuestra colaboración, la manera de solucionarlo. Ayudarlos a resolver sus errores y problemas es una manera muy eficaz y necesaria para que construyan una autoestima saludable y se conviertan en adultos resilientes.

3. Reconocer sus logros. Es muy importante que estemos pendientes de todo aquello que consiguen, los riesgos a los que se enfrentan y las dificultades que atraviesan con éxito, para reconocérselos. Hay que celebrar con ellos cada logro, los pequeños y los más grandes, teniendo muy presente que se trata de identificar lo que son logros para el adolescente, no para el adulto.
4. Vigilar nuestras palabras, aquello que le decimos al adolescente. Igual que vimos con la infancia, los adolescentes son especialmente sensibles a los comentarios o valoraciones que los adultos hacen de ellos. Un simple y aparentemente ingenuo comentario de un adulto puede ser muy, muy poderoso para el adolescente y darle fuerza interior o puede destruir del todo su autoestima y hundirlo por completo.

Resumen

Como ves, las dos etapas que más determinan cómo será nuestra autoestima cuando seamos adultos son la infancia y la adolescencia.

La principal y la que más huellas deja en nosotros es la infancia, pero la adolescencia es también un buen momento para reforzarla o para minarla. En la infancia se va construyendo nuestra autoimagen y nuestro autoconcepto, lo que repercutirá en cómo nos sentiremos en la adolescencia. Sufrimos y vivimos muchos cambios a nivel físico y a nivel social que nos irán acercando más a la seguridad y autoaceptación o, por el contrario, nos llevarán a sentirnos cada vez peor y rechazarnos a nosotros mismos. El caso de Sonia ejemplifica cómo nos pueden marcar ciertas situaciones traumáticas vividas en la adolescencia. Situaciones que pueden ser determinantes para optar por un camino en el que nos reconstruyamos o para equivocarnos por completo y elegir compañías inadecuadas o conductas de lo más destructivas (drogas...).

Sea como sea, ahora ya vimos cómo se construye nuestra autoestima. Aunque pueda parecer algo muy evidente, con frecuencia no nos habíamos planteado por qué somos como somos, de dónde venimos o qué es lo que hemos vivido, lo que nos faltó o lo que no aprendimos bien, que nos impidió crecer con auténtica seguridad y bienestar.

NOTAS

3

¿QUÉ OCURRE CUANDO TENEMOS UNA BAJA AUTOESTIMA?

Cuando nos damos cuenta de las múltiples consecuencias que tiene en nosotros el hecho de no tener una buena autoestima, es cuando más conciencia adquirimos de lo importante que esta es.

Al tratarse de cómo nos sentimos con nosotros mismos y de nuestras creencias, lo llevamos dentro de nuestra cabeza dondequiera que vayamos y nos afecta, como ya comentamos, en cada una de las áreas de nuestra vida: en la relación de pareja, en el trabajo, con los amigos, con nuestros objetivos... Y nos afecta produciendo en nosotros un enorme malestar, generando ansiedad, inseguridades y miedos.

Vamos a ver algunas de las principales **consecuencias negativas** con las que nos podemos encontrar si tenemos una autoestima demasiado baja:

Celos

Estoy segura de que has sentido celos en algún momento de tu relación. Puede que los hayas experimentado con una pareja en concreto, o con todas. Si bien es cierto que hay casos en los que los celos son comprensibles a consecuencia del comportamiento del otro o por hechos que nos demuestran que puede haber una infidelidad real, también lo es que hay personas que viven y sufren los celos de una forma enfermiza y generalizada sin que haya motivos. En muchas ocasiones se crean en el pensamiento de quien los sufre y lo que imaginan no tiene nada que ver con la realidad ni con el modo de actuar del otro. Cuando nos afectan de una manera desmesurada e incontrolable para nosotros, con destructivas consecuencias para la relación, es muy importante que pidamos ayuda terapéutica para aprender a controlarlos y hacer un cambio lo antes posible.

Aquellos que los sufren sienten una mezcla entre la necesidad de poseer a la otra persona y la sensación constante de que pueden perderla. **La base de los celos está en el miedo a la infidelidad y a ser abandonado.**

Muchas personas que los padecen, al analizar objetivamente la situación que los provoca, son conscientes de que no tendrían que sentirlos, que la situación en sí no debería alterarlos lo más mínimo, puesto que confían en el otro y no les da motivos para desconfiar y sufrir esa tortura.

¿Qué sucede? ¿Por qué se apodera de nosotros ese torbellino emocional que nos hace temblar ante la posibilidad de perder a nuestra pareja?

A veces, nuestros celos no se centran en nuestro compañero, sino en la otra persona, en ese hombre o mujer que percibimos como una amenaza, como un posible candidato que es mejor que nosotros en algún aspecto (desde nuestro punto de vista).

Vamos a ver lo que ocurre y qué relación tiene esto con nuestra autoestima. Imaginemos que yo siento que soy poco importante, o poco valiosa, o poco guapa, o poco capaz... Si mi pareja se relaciona con otra mujer (ya sea en el ámbito laboral, familiar, de ocio, etcétera) a la que yo veo muy guapa, extrovertida, más divertida que yo, muy superior a mí intelectualmente, segura de sí misma o con cualquier otra característica que a mí me parezca importante, dicha relación hará aflorar en mí la idea de que puede que a él le guste. Pienso que a mí me gustaría, por tener todas esas cualidades y con ello ya doy por supuesto que a él le va a gustar. Puede ser que él no dé ninguna importancia a todas esas virtudes que yo magnifico. Puede que las vea pero que no las valore como yo o que ni siquiera le llamen la atención.

Esta situación puede llevarme a que cada vez que él me hable de ella, o cuando deba verla en cualquier contexto o tengan que contactar de alguna forma yo sienta una ansiedad enorme en mi interior. Esa ansiedad viene provocada por el alud de pensamientos tóxicos y por la alarma que asalta mi mente haciendo que me descontrole. Son pensamientos semejantes a estos: «Vigila, a ver qué querrá esa», «¿Y si a él le gusta? Seguro que le gusta... ¿Cómo no le va a gustar con lo guapa que es?», «¿Y si me engaña con ella? Ya que le gusta, como no podría ser de otro modo, es muy probable que se sienta atraído y que pase algo entre ellos... pero ¿y si pasa y me lo esconde? ¿Y si lo oculta y yo no me entero?».

Con todos estos pensamientos se activa un sistema muy complejo de alarmas en mi cuerpo que hace que esté extremadamente pendiente de él, de lo que dice, de lo que hace, de su celular, de su Facebook, de sus actividades, de sus llamadas... Y así, no vamos a llegar a buen puerto. Si no lo controlamos, eso cada vez irá a más y podemos acabar generando brechas muy profundas en nuestra relación. Además, de tanto hablar de la otra persona (debido a nuestros celos, seguro que lo haremos más de la cuenta al pedir explicaciones o expresar quejas), lo único que podemos conseguir es que el otro se fije y piense más en ella y de una manera más atenta, con lo que igual al final provocamos que aquello que tanto temíamos acabe pasando.

Vemos, por tanto, que el origen de este problema acostumbra a estar en la baja autoestima. Si yo me siento segura de mí, si me siento capaz de salir adelante por mí misma pase lo que pase en mi vida, si soy consciente de que soy importante y valiosa como ser humano, igual que el resto de las personas, si tengo claro que no hay nadie que sea más que nadie, eso no me va a suceder. Tendré claro que mi pareja puede dejar de sentir lo que siente por mí en cualquier momento y que a veces eso no depende de uno, que son cosas que suceden y, aunque duelan, debemos aceptarlas. Tendré claro que nuestra relación puede acabar un día y que si hay una persona que le gusta más que yo, es libre de elegirla para continuar su vida junto a ella. No podré evitarlo, por mucho que lo controle o que lo persiga, o que me enfade. Si considero que su conducta con las otras mujeres no es la adecuada y eso me hace sentir insegura y a la vez menospreciada, entonces es que no es la persona que quiero a mi lado. Si, por el contrario, su conducta es del todo correcta y no me da motivos para desconfiar, entonces soy yo la que debería reforzar mi autoestima y aprender a valorarme y a confiar más en mis cualidades y mi potencial.

Por consiguiente, las razones por las que acostumbramos a sentir celos son:

- Miedo a perder a la pareja con las consecuencias que este hecho acarrea: soledad y abandono. Esto va ligado a que nos sentimos poco valorados para el otro. Si consideramos a la otra persona como lo más importante que tenemos en nuestra vida, la idea de perderla, con todo lo que nos hemos esforzado para tenerla, abre un abismo ante nosotros. Más aún cuando el otro potencia nuestra sensación de seguridad en determinados aspectos como el afectivo o el económico, por ejemplo. Además habría que añadir la humillación que sentiríamos ante los demás si nuestra pareja nos engaña con otra persona. No queremos ni imaginárnoslo, ya que quedaríamos ante ellos como poco importantes y poco valiosos, lo cual minaría aún más nuestra autoestima.
- Los celos se mezclan con el sentimiento de posesión. Necesitamos sentir la seguridad de que el otro «es nuestro» y por ese motivo algunos lo proclaman a los

cuatro vientos a través de las redes sociales. No es más que un acto para ahuyentar a posibles adversarios que amenacen nuestra estabilidad afectiva.

- También los relacionamos con el hecho de que dejamos de ser su centro de atención. El celoso tiene una necesidad enorme de sentir que es lo más importante en la vida del otro, que tiene que ser su prioridad en todo momento, por encima de todo lo demás. Ello conlleva una demanda constante de atención y afecto que al no ser saciada en la cantidad exigida, ya se interpreta como una disminución del amor que el otro siente y puede empezar a activar las conductas e interpretaciones irracionales.
- A veces, confesamos una infidelidad puntual para hacer gala de nuestra sinceridad, con la idea de recibir el perdón del otro, de manifestar nuestro más profundo arrepentimiento y con la esperanza de que la relación se haga más fuerte y duradera, y obtenemos justo lo contrario. Puede que esa confesión abra una herida enorme en el otro, quien, a pesar de no haber sido hasta ese momento una persona celosa, de repente comienza a percibir peligros de manera constante y no puede volver a confiar: lo interrogará incesantemente, le reprochará una y otra vez lo sucedido... Esa reacción les impedirá avanzar en la relación de ese punto en adelante.

Ejemplo

Haré un paralelismo entre la inseguridad en la relación y en un puesto de trabajo para que veamos lo expuesto en líneas superiores aún más claro.

Imagina que ocupas un cargo de secretario de dirección en una reconocida empresa de telefonía. Hace ocho años que estás trabajando allí y has sido promocionado hasta ocupar este cargo desde hace unos catorce meses. Por tu experiencia y tu tiempo en la empresa, sabes todo lo que hay y controlas la situación pase lo que pase. Te sientes seguro allí. ¿Verdad que no estarías constantemente pensando en el miedo a que otros trabajadores de la compañía te quiten tu puesto de trabajo? Si en la empresa hay armonía y tu puesto está claro y bien definido, no estarás sintiendo esa amenaza todo el tiempo. Ni se te pasará por la cabeza.

Ahora imaginemos que te sucede algo similar a los celos en pareja. Si te sientes inseguro en tu puesto de trabajo y estás pensando constantemente en que no estás preparado para ocuparlo, es posible que sí sientas miedo a que te lo arrebaten aquellos trabajadores con los que te comparas y a los que consideras más seguros y mejor preparados que tú. Si estás convencido de que el puesto te queda grande, por mucho que te reconozcan tus jefes y te digan que están muy contentos, o por mucho que te repitas que si te lo han ofrecido es porque te lo mereces y porque estás a la altura, no te lo vas a creer.

Es la misma situación. En la relación de pareja, debemos tener claro que estamos allí porque el otro nos quiere por quienes somos y por cómo somos. No hay que darle más vueltas y disfrutar mientras dure. Y si a pesar de verlo no lo conseguimos, debemos hacer un trabajo a nivel interior para reforzar nuestra autoestima y lograr sentir de verdad todo lo que valemos y lo importantes que somos. Solo así conseguiremos vivir la relación de manera tranquila y placentera, siendo felices y construyendo un futuro en común que valga la pena.

El caso de Isabel

Isabel tenía treinta y cinco años cuando vino a verme. El motivo de su consulta fueron los celos. Era extremadamente celosa, hasta el punto de avergonzarse de sí misma y de su conducta irracional cuando sufría un ataque.

Me explicó que hacía ocho años que estaba casada con Arturo y que, en general, siempre se habían llevado bien. Él la quería y la cuidaba y ella hacía lo mismo con él. Isabel siempre fue una mujer muy deportista y hacía un par de años que se había aficionado a salir en bici por la montaña. Salía a pedalear casi todos los fines de semana con su marido y un pequeño grupo que habían formado en el pueblo. Eran seis hombres y ella. Por su buen estado físico, no tenía ningún problema en seguirlos y, además, se sentía reconocida por ellos, que siempre expresaban su admiración por su fortaleza y resistencia. Con ello, Isabel aún se sentía mejor y tenía más ganas de mejorar.

En la adolescencia, ella había sufrido mucho porque se enamoró de un chico que la trató muy mal y le era infiel con una chica diferente cada fin de semana. Todo el mundo lo sabía menos ella, que solo pensaba en hacer lo que fuera necesario para gustarle, ya que para él nunca era lo bastante guapa, divertida y atractiva.

Al final, descubrió que todo el mundo se burlaba de ella a sus espaldas, incluso las que creía amigas suyas. Aquella realidad fue algo espantoso para ella y acabó por destrozar la poca autoestima que tenía.

Unos años más tarde, empezó a ir al gimnasio casi todos los días y eso poco a poco iba haciendo que se sintiera mejor. Su cuerpo fue cambiando y se veía mejor físicamente. Los chicos se acercaban a ella y así se unió a un grupo que salía en bici por la montaña. Enseguida se percató de que podía seguirlos sin problema y eso aún reforzó más su autoestima. Fue entonces cuando conoció a Arturo, un chico muy guapo e inteligente que hacía un tiempo que había roto con su anterior pareja. Él se enamoró de ella en poco tiempo, y ella cada vez se sorprendía más de todas sus cualidades. Aparte de guapo, era cariñoso con ella, la hacía sentir importante y valiosa, la cuidaba, pensaba en ella y la tenía en cuenta para todo. A los dos años tuvieron a Carlitos.

Cuando ella acudió a mi consultorio, su hijo ya tenía seis años. Todo iba bien hasta que uno de los chicos del grupo de ciclistas empezó a salir con Claudia. Era muy bonita, con unas facciones exóticas y la piel morena. De pequeña había competido en atletismo y mantener su estado físico en condiciones óptimas siempre había sido una de sus prioridades.

Pronto insistió en que quería unirse al grupo de bici y salir con ellos los fines de semana. Y así fue. Cuando Isabel la vio, sintió de inmediato que algo la estremecía en su interior. Era preciosa y encima aguantaba más que cualquiera de ellos. ¿Te imaginas? Isabel ya no era «la chica del grupo», ya no era «la chica que estaba más en forma del grupo». Había pasado a un segundo plano y su sangre empezaba a hervir cada vez que alguien mostraba su reconocimiento a Claudia.

Empezó a darse cuenta de que Arturo hablaba mucho con ella. Que se contaban cosas y se reían mucho y eso cada vez la hacía sentir más miserable. Un día vio que habían intercambiado sus teléfonos por un tema de trabajo (algo por lo que no había ningún motivo para sospechar) y allí ya no pudo más: cada vez que salían estaba pendiente de si se miraban, de si se sonreían o de si hablaban más de la cuenta. Le controlaba el celular, los correos y los sitios a los que iba, y si algo no le encajaba, se ponía completamente fuera de sí. Después de unos cuantos numeritos irracionales, Arturo le empezó a plantear la idea de que pidiera ayuda profesional, porque no sabía si él iba a poder aguantar aquello mucho más tiempo. Él consideraba que no le daba ningún motivo que justificara esas reacciones y cuando Isabel se calmaba y volvía a estar tranquila coincidía con la opinión de él.

Hicimos un proceso para reforzar su autoestima. Se dio cuenta de que al dejar de ser ella la «especial» en ese grupo, volvió a sentirse como cuando era adolescente y su pareja le era infiel porque siempre encontraba alguna mejor que ella. Conectaba con miedos irracionales y paralizantes y su cuerpo reaccionaba de manera automática sin que pudiera hacer nada para evitarlo.

Cuando uno toma conciencia de ello y empieza a quererse, aceptarse y conectar con todas sus cualidades, es cuando puede empezar a cambiarlo.

Se trata de entrar en contacto con ese niño, niña o adolescente que fuimos y que sufrió tanto por el rechazo o la soledad. Se trata de abrazarlo, de transmitirle que lo aceptamos, que es perfecto como es y que nunca más lo vamos a menospreciar.

Es importante que nos alejemos un poco de aquella persona en cuestión, para que desde la distancia y la calma volvamos a colocarlo todo en su sitio. Desde ese punto nos iremos poniendo en marcha de nuevo, pero de una manera más sana y racional.

Perder oportunidades

Otra de las temidas consecuencias de vivir con una autoestima demasiado baja es la de perder oportunidades. Se trata de un tema muy amplio que creo sinceramente que vale muchísimo la pena que analicemos.

Cuando hablamos de dejar pasar oportunidades estamos hablando de no apostar por lo que de verdad deseamos, de renunciar a cambios, mejoras o retos por miedo a fracasar o no estar preparados y a la altura, hablamos de escondernos y de ni siquiera intentarlo.

Tenemos considerables ejemplos de este tipo en el trabajo. Tal como comentábamos en el punto anterior, son muchos los casos de personas que se infravaloran a sí mismas incluso en aquellos casos en los que su posición, su cargo o su éxito ponen de manifiesto su clara valía. Es completamente incoherente e irracional, pero la falta de autoestima también lo es. Si uno tiene interiorizado que los demás son mejores, que por mucho que se esfuerce nunca lo hace suficientemente bien o que al final todos se van a dar cuenta de que no estaba preparado, eso es lo que va a acabar demostrando y creando. Y si no, por mucho que las cosas le vayan saliendo bien, las vivirá con una angustia que tampoco le permitirá disfrutar de ellas.

Puede que nos ofrezcan mejoras laborales y renunciemos a ellas, que nos den la posibilidad de enfrentarnos a nuevas situaciones que nos permitirían crecer y vencer muchos miedos sumando seguridad, pero nos negamos rotundamente a aceptarlo, porque entramos en pánico solo con imaginarlo.

¿Esto es real? ¿De verdad pensamos que si estamos en una empresa nos van a poner en una situación en la que si no estuviéramos a la altura serían ellos mismos los que iban a perder? Por supuesto que no. Si nos lo proponen es porque podemos hacerlo, aunque sea algo nuevo para nosotros, aunque debamos primero aprender. Esto está claro, y en el fondo lo sabemos.

Y después, cuando ya renunciamos y vemos que otro ocupa ese lugar, nos decimos a nosotros mismos: «Ves... tú no vales, ya dejaste pasar otra oportunidad, eres tú quien debería estar allí... ¡qué miserable...!». Evidentemente, no es necesario decir que tratándonos, o mejor dicho, maltratándonos así, no cambiamos nada, sino todo lo contrario, aún nos hundimos más y nos sentimos peor.

Así no avanzaremos nunca. Como siempre digo, **tenemos dos opciones: quedarnos con el disfraz de víctima, llorando tras el telón, machacándonos y hundiéndonos más, o enfrentarnos a nuestros miedos.** En el fondo, aunque no podamos evitar sentirlos, todos deberíamos tomar conciencia de cuando el miedo es irracional. Lo sentimos dentro, eso sí, pero hay que darse cuenta del potencial de cada uno y de que, muy a menudo, ese miedo no tiene ningún sentido.

El caso de Silvia (mi caso)

Aún me acuerdo de cuando empecé a realizar mis primeras charlas de autoestima y dependencia emocional. Concretamente, recuerdo a la perfección la primera de ellas. Fue hace ya unos cuantos años en la trastienda de una juguetería erótica de Girona. Anna, la encargada de la tienda, llevaba un tiempo proponiéndome que fuera allí a hablar de autoestima. Yo me resistía. Solo con pensar que podía verme alguien que me conociera se me venía el mundo encima. «¿Y si no lo hago bien?», «¿Y si se aburren?», «¿Y si no viene nadie?», «¿Y si hago el ridículo?». Blablablá... mi crítico interior me dejaba sin fuerzas de tanto hundirme con los «¿Y si...». Por suerte, a pesar de mis dudas ese período duró muy poco. Un día pensé que si me daba miedo y yo tenía el deseo de ir creciendo más como profesional, a la larga tendría que acabar hablando en público delante de muchas personas, me gustara o no. Por tanto, tenía un problema. Entonces me di cuenta de que si quería perder ese miedo, tenía que enfrentarme a él. Yo les decía a mis clientes que el miedo es como un monstruo que tiene la espalda blindada. Solo puedes vencerlo si te enfrentas a él de cara. Y así lo hice. En el fondo, tenía claro que, como todo, cuando hubiera hecho muchas charlas y lo tuviera por la mano, ya no me pondría nerviosa y lo haría sin pasarlo mal. A lo mejor, con un poco de suerte incluso quizá algún día disfrutaría haciéndolas.

Debía prepararme esa primera charla muy bien para ir segura y tranquila.

No fui segura ni tranquila, pero te aseguro que invertí muchas horas repitiendo y repitiendo mi discurso de 50 minutos y tenía claro que cuando lo practicaba me salía como yo quería, con lo cual pensé: «¿Por qué no me va a salir igual?».

No te puedes ni imaginar mi estupefacción cuando al llegar allí empezó a entrar gente y más gente. Acudieron unas setenta personas, muchas de ellas incluso se sentaron en el suelo porque no había más sillas... En fin, inolvidable.

Me salió todo bien. Y después de esa primera charla vinieron más. Al final de cada una de ellas, sentía una subida de adrenalina increíble y pensaba que aquello era genial. Después, con el paso de los días, se me iban por completo las ganas de repetir. Cada vez que tenía una nueva charla, perdía dos kilos de los nervios que pasaba. ¡¡No exagero!!

Me recuerdo a mí misma llamando a centros y ayuntamientos para organizar más de ellas, al tiempo que esa voz interior me decía «Pero ¿qué haces? ¿Por qué vas a pasarlo mal de nuevo? ¿Tienes necesidad?». Pero la respuesta era que sí, la tenía. Yo quería ir creciendo para poder llegar a más gente, deseaba con todo mi ser ayudar a cuanta más gente mejor. Sabía que todos podemos reforzar nuestra autoestima y, con ello, lograr ser más felices. Yo estaba convencida de aquello y sentía la necesidad y el compromiso de transmitir ese mensaje a los demás. Las charlas eran un primer paso necesario, me gustaran o no. Para mí no había más que hablar.

> Con el tiempo, confirmé que, como todo, cuanto más y mejor te lo prepares y lo practiques, mejor lo harás y más éxito vas a cosechar.

Hoy me siento absolutamente agradecida por el enorme esfuerzo que hice durante aquel tiempo. Si me hubieran dicho que tras publicar mi primer libro *Cuando amar demasiado es depender* desearía realizar y realizaría tantas charlas y presentaciones por toda España y por otros países ante cientos de personas, me hubiera dado un síncope. Pero algo dentro de mí me decía que siguiera adelante. Siempre me he marcado objetivos y cada vez que he tenido que dar un nuevo paso me he preguntado si ese me acercaba hacia ellos. Si la respuesta era sí, lo daba con firmeza, sin dudar e imaginando el agradable sabor de conseguirlo. Y así he ido creciendo y avanzando. Así funcionamos todos. La diferencia principal entre unos y otros está en nuestra autoestima.

Sé que este apartado habla de perder oportunidades, pero pensé que este ejemplo era más inspirador porque está centrado en la importancia de no dejar escapar ninguna oportunidad. Quise compartir contigo este pedazo de mi vida para que veas que si hubiera perdido de vista mis objetivos (o simplemente no hubiera tenido ninguno definido) es muy probable que me hubiera dejado llevar por mis miedos. Lo fácil era echarme a un lado y dejar pasar las oportunidades para que otro que se sintiera más seguro las aprovechara. Pero no fue así.

Creo firmemente que la única manera de poder vencer los miedos que nos paralizan ante un desafío es aferrarnos con fuerza a nuestros sueños, a aquello que nos motiva, que nos mueve, que nos excita por dentro, que nos hace vibrar, a aquello que da verdadero sentido a nuestra vida y a nuestra existencia. De no ser así, nuestras ganas irán perdiendo fuerza hasta desaparecer. Perderemos **los motivos.**

Hace mucho tiempo alguien me dijo:

«Para estar motivados no hacen falta ganas, **hacen falta motivos**».

Me encantó esa frase y la tomé prestada enseguida. Es una máxima que me ha acompañado a lo largo de toda mi vida y en la que sigo creyendo ciegamente. Y si lo pensamos, siempre es así. Cuando uno desiste de algo que quería hacer o conseguir es simplemente porque ha olvidado los motivos por los que debía esforzarse. Al perder los motivos, desaparecen las ganas y el cuerpo se rinde.

También perdemos oportunidades con las relaciones. Puede que nos encantara conocer a determinada persona (ya sea como una posible pareja o porque sentimos alguna afinidad a nivel de hobbies, profesional o en cualquier otro), pero por vergüenza, por miedo a no gustar, a decepcionar o a cualquier otro frustrante sentimiento, nos mantenemos alejados y no nos damos ni siquiera la opción de intentarlo. Es una pena porque siempre hay un momento en el que podríamos dar ese paso, y si nuestro miedo nos vence, seguro que nos arrepentiremos de haber dejado escapar la oportunidad. Siempre nos quedaremos con el «¿Qué habría pasado si lo hubiera intentado? Por lo menos habría podido probar si había alguna posibilidad...». Cuando dejamos pasar oportunidades de ese tipo, está claro que debemos ponernos a trabajar con nuestra autoestima con urgencia extrema. No podemos seguir así y mucho menos cuando somos conscientes de ello. No podemos seguir haciendo como si no pasara nada. Pasa, y eso nos hace sentir mal. Y por este motivo, hay que actuar para cambiarlo.

De no ser así, nos iremos aislando cada vez más y pasaremos nuestros días sintiendo que allá donde vamos molestamos, que no nos sentimos cómodos y nos encerraremos más aún en nosotros mismos. De este modo provocaremos que los demás se alejen y con ello llegaremos a confirmar nuestra teoría de que no somos «queribles» y que mejor nos quedamos escondidos y solos.

Al final, veremos que igual que pasa siempre todo es producto de nuestra mente. En ella se crean esas ideas, nuestras creencias irracionales, la imagen absolutamente distorsionada de nosotros mismos y las palabras de menosprecio que como si tal cosa nos lanzamos.

Si te sientes identificado con estas situaciones, debes hacer algo para cambiarlo. Créeme, cuando empieces a tratarte bien y asumas todas tus cualidades, es cuando empezarás a disfrutar de tu vida al máximo.

Dependencia emocional

En mi libro *Cuando amar demasiado es depender* ya desarrollé en profundidad el tema de la dependencia emocional, pero me gustaría recordar algunos aspectos porque, como ya sabrás, la dependencia emocional es sin duda una de las más importantes consecuencias de tener una baja autoestima.

Definimos la dependencia emocional como la incapacidad de renunciar a una relación en aquellos casos en los que es imprescindible que lo hagamos. ¿En qué casos deberíamos cortar la relación sí o sí?

- Cuando el otro ya no nos quiere, cuando no siente hacia uno lo que debería sentir para estar bien. Puede ser que nos lo diga y que nos plantee dejar la relación pero nosotros le suplicamos que por favor no lo haga, o puede ser que no nos diga nada pero nos lo demuestre con su manera de tratarnos y de comportarse.
- Cuando por estar a su lado no podemos sentirnos realizados, hacer lo que de verdad querríamos hacer o ser quienes somos de verdad. Nos vamos perdiendo a nosotros mismos.
- Cuando nuestra pareja nos maltrata ya sea psicológica o físicamente. Daña nuestros derechos y principios básicos, no nos respeta ni nos trata bien.

Son casos en los que *tendríamos que alejarnos sin dudarlo ni un segundo*, sin dar más oportunidades y sin seguir haciendo nuevos intentos para que aquello funcione. No vamos a ser felices al lado de esa persona por mucho que nos obliguemos a quedarnos y por mucho que luchemos para conseguir que algo cambie.

Debido a nuestra baja autoestima, seguimos atados a personas que no encajan con lo que nosotros quisiéramos que fueran. El motivo es que, al no sentirnos suficientemente importantes y valiosos, tenemos mucho miedo a quedarnos solos, a no encontrar a nadie más que quiera estar con nosotros. La otra persona no es la persona que realmente queremos a nuestro lado, ha resultado no ser lo que buscábamos y, en consecuencia, no somos felices junto a ella. Si lo admitimos, si asumimos y aceptamos que junto al otro no estamos bien y somos coherentes con ello, tendremos que irnos, dejar la relación. Y eso nos conecta con unos miedos indescriptibles que nos paralizan por completo. Por ello, preferimos seguir enganchados antes que enfrentarnos a la dura realidad que imaginamos (y que, por supuesto, raras veces tiene que ver con la realidad externa).

Al no querernos, no valorarnos y no reconocernos, sentimos pánico a quedarnos solos, sin pareja. Y, en consecuencia, nos enganchamos siempre a alguien. Si en un momento dado no podemos evitar que la relación acabe porque el otro nos deja, en muy poco tiempo ya estaremos en otra relación dándolo todo y más. En pocos días nos habremos comprometido y habremos dado pasos que solo deberíamos haber dado si lleváramos años juntos. Encadenamos relaciones para no quedarnos sin pareja ni un día.

Es obvio que lo recomendable no es eso. Es imprescindible que tengamos claro que podemos estar solos y sentirnos a gusto y tranquilos con nosotros mismos, que **no necesitamos** a nadie más. Solo así podremos crear relaciones de pareja sanas y satisfactorias, eligiendo a la persona adecuada, sabiendo que la **elegimos** pero que para nada la necesitamos.

Únicamente cuando sintamos eso podremos mantener la cordura y el raciocinio en la relación y sabremos con certeza cuáles son las situaciones que jamás debemos tolerar o permitir, las cuales, de suceder, han de suponer el fin inmediato de la relación, sin darle más vueltas. Hay cosas que jamás deben ser toleradas por nadie y que si ocurren una sola vez, ya es demasiado. Las segundas (o, peor aún, las terceras, cuartas o incluso quintas y sextas) oportunidades no tienen ningún sentido cuando se han vulnerado nuestros principios básicos o cuando han pisado nuestra dignidad. Y el problema es que el miedo a perder al otro y tener que enfrentarnos a nuestra soledad nos deja anulados porque lo vemos como algo muy grave.

Al final, se trata simplemente de darnos la oportunidad de estar solos. Debemos aprender a estar solos. Enfrentándonos a nuestra soledad, nos daremos cuenta de que en realidad ella es nuestra amiga y que no es mala, antes al contrario: ella nos muestra hasta dónde podemos llegar mientras caminamos agarrados de nuestra propia mano.

Y es que únicamente si tenemos claro que solos estamos bien, podremos poner fin a la relación cuando sea necesario. Yo creo que todos preferimos estar en pareja antes que estar solos, pero eso no significa que vivamos el estar solos como un castigo o con un miedo arrollador.

El caso de Mónica

Siempre me acuerdo del caso de Mónica. Cuando vino a verme ya tenía claro que necesitaba ayuda, aunque había estado rechazando la idea desde hacía mucho tiempo. Una amiga suya a la que había tratado en mi consultorio insistió en que pidiera una cita y al final aceptó.

Mónica era una mujer sencilla, con una belleza especial aunque escondida tras un manto invisible de timidez y tristeza. Su pelo liso y castaño parecía rebelde siempre tratando de escaparse de detrás de sus orejas, donde ella se empeñaba en inmovilizarlo. En pocas ocasiones conseguí robarle una sonrisa, pero cuando lo hacía, se podía observar su desconocido atractivo, ese que ella ni siquiera intuía.

Mónica no hacía más que menospreciarse, descalificarse y rechazarse a sí misma. Su marido la dejó un año antes con sus dos hijas, y ella se hundió en la más profunda desesperación. Convencida de no tener ningún atractivo ni cualidad, el hecho de haber perdido a su pareja la dejaba a la intemperie emocional más angustiosa que nadie podría imaginar.

Trabajaba en un banco. Un día como tantos otros, atendió a un cliente habitual, un reconocido empresario muy bueno con sus negocios. Iba a menudo al banco, pero ese día se acercó a ella y le dijo que por fin la veía sonreír y hasta el momento no había comprobado lo bonita que era su sonrisa. Ella se emocionó en seguida con ese comentario y empezó a fantasear con la idea de que a lo mejor él estaba intentando conquistarla.

Desde aquel momento en el que en su mente se abrió una tímida brecha de luz y esperanza, Mónica puso todo su empeño y más en seducirle.

Él se estaba separando y quedaron un día para ir a cenar. Ella se las ingenió para que acabaran en la cama y así empezó una relación en la que Mónica se fue degradando y perdiendo cada vez más a sí misma.

Empezaron a salir, pero él nunca estuvo seguro. Mónica se lo puso tan fácil que él simplemente se dejó llevar, pero sin plantearse si aquello era realmente lo que quería. De hecho se lo dijo en varias ocasiones, pero ella no quería ni oír hablar de aquello. Le decía que con el tiempo lo iría viendo claro. Cada vez que él intentaba alejarse (debido a que ella, por sus miedos, le ahogaba, siempre quería estar con él), ella hacía lo necesario para que él se echara atrás. Normalmente intentaba seducirlo con el sexo. Sin embargo, nunca acababa de sentir que él estuviera enamorado, ni mucho menos que la quisiera.

El mundo de Mónica desapareció. Desde el momento en que él le hizo el comentario sobre su sonrisa todo su mundo era él. Su mayor preocupación era cómo conseguir retenerlo un día más y que no se quisiera ir de su lado.

No obstante, él la dejaba cada dos por tres. Y ella se arrastraba, humillaba, suplicaba y hacía lo que hiciera falta para recuperarlo. Cada vez estaba más desgastada, más cansada y más derrotada, pero sus miedos eran los mismos.

El principal problema de Mónica era esa imagen tan negativa que tenía de sí misma. Era bajita y eso aún la hacía sentir peor. Su madre siempre le había dicho que era muy fea comparada con sus hermanas y que tendría problemas para encontrar pareja con ese físico tan desagradable. ¿Te imaginas? Esas palabras tan crueles se instalaron en su mente y no pudo borrarlas nunca más. ¿Quién la iba a querer? ¿Qué haría si se volvía a quedar sola? Pensaba que cada vez lo tenía más difícil para encontrar a alguien, lo que hacía que ese miedo irracional la invadiera de nuevo.

Hicimos algunas sesiones con Mónica para que tomara conciencia de todo lo que le estaba sucediendo y después le recomendé que participara en un grupo de autoestima. Al hacerlo, se dio cuenta de que ella era la única que se veía de aquella manera y que la imagen que tenían los demás de ella se correspondía mucho más con la realidad de todo lo que había conseguido hasta el momento.

Era una mujer excepcional, con muchísimas cualidades y un gran potencial, pero que había vivido tras el disfraz de alguien pequeño e invisible, incapaz de conseguir nada de lo que siempre había soñado. Mónica empezó a sentirse a gusto y feliz, aprendió a quererse y conectó con el amor hacia sí misma. Ese amor que le permitió soltarse y ser quien verdaderamente era.

A continuación, quiero compartir contigo una carta escrita por Amalia, una persona que no tiene pareja pero que sí tiene una autoestima sana y fuerte. Así deberíamos pensar todos:

Me gusta más estar en pareja (para compartir, construir, etc.), pero ahora tengo claro que sola estoy bien, que puedo estarlo y que no pasa nada. Sé cuidar de mi espacio, lleno mi tiempo con mis cosas, cuido de mí. Además, tengo claro que estar sin pareja no significa estar sola en el mundo. También tengo amigos, familia y otras personas con quienes compartir ciertos espacios de mi vida.

Los momentos en los que estoy solamente conmigo, me siento a gusto y en paz. Y lo repito, prefiero tener pareja y estoy abierta a encontrarla, pero mientras no la tenga, estoy bien y no lo vivo con angustia y ansiedad (pensando que está pasando el tiempo, que me hago mayor y que cada vez lo tengo más difícil). Nada de eso. Soy consciente de que cada día hay muchísimas parejas que deciden separar sus caminos y que vuelven a estar solas y que, como yo, están abiertas y preparadas para volver a enamorarse y empezar nuevas historias de amor en compañía de otros. Aprovecho este tiempo en el que no tengo una relación para conocer otras personas que tampoco tienen pareja, con quienes pueda compartir actividades y con quienes construir nuevos planes e ilusiones. Y así voy creciendo, así soy feliz, así me siento a gusto y así me voy preparando para el día en que la persona adecuada aparezca, en el momento apropiado. Y entonces volveré a intentarlo, a dar lo que soy, a expresar lo que siento y a sentir de nuevo el amor dentro de mí.

Pero hasta que llegue ese día, estoy tranquila y feliz, disfrutando de mi vida y de la gente que tengo a mi alrededor.

AMALIA

Aislarnos de los demás

Me he encontrado con muchísimos casos de personas fantásticas que viven prácticamente solas. Acostumbran a ser personas reflexivas, inteligentes y conscientes, que han realizado mucho trabajo interior (a menudo por sí mismas, a través de lecturas, vídeos, cursos a distancia...), pero que por mucho que tengan claro por qué les sucede lo que les sucede, no encuentran las herramientas para cambiarlo. Y no estoy hablando de personas que sufren *fobia social*, porque en ese caso el problema va más allá de la autoestima.

Me refiero a aquellos casos sin ningún problema a la hora de hablar o relacionarse con los demás y que a pesar de tener sus personas de confianza con quienes son ellas mismas, cuando se acerca el momento de abrirse y hacer nuevas amistades, experimentan cierta dificultad. Les cuesta mostrarse y ser espontáneos porque siempre están preocupados por lo que pensarán o dan por supuesto que no van a gustar y que los demás los rechazan.

Puede que hayan intentado relacionarse con gente nueva en repetidas ocasiones, pero que al no haber conseguido crear un vínculo estrecho con nadie en particular, se cansan de hacer tanto esfuerzo para tener que volver a empezar de nuevo la siguiente vez.

Cuentan con un mundo interior muy profundo y con unos valores muy claros y definidos. Físicamente son personas normales, que acostumbran a pasar desapercibidas porque así se sienten y así se comportan. Cuando uno las ve, se pregunta: «Pero ¿por qué se siente o se ve de esa forma si en realidad no es así...? ¿No se da cuenta?». Está claro que no, no se percatan de que poseen muchas cualidades y tienen muy asumido que son de la manera en que ellos mismos se ven.

Además, suelen ser personas que nunca han tenido relaciones sexuales (o las han tenido en contadas ocasiones) o que nunca han tenido una relación de pareja, o que si la han tenido ha sido una relación que no funcionó o que fue incluso traumática y les ha costado cortarla porque la han idealizado y la consideran su única oportunidad.

En cualquier caso, se sienten aún más «raras» o «diferentes» por ello. Es cierto que en nuestra sociedad, no tener pareja (y, peor aún, no haberla tenido nunca) está mal visto. No se ve «normal» y ello hace que las personas que lo viven se sientan todavía peor. No debería ser así, eso es evidente, pero sucede.

Pues bien, las personas que se sienten así, generalmente han tenido unos padres que, con la mejor intención del mundo, les han ido construyendo esa personalidad específica. Cada hijo es diferente y tenemos una parte genética que viene con nosotros, pero a partir de ahí, el niño que es especialmente sensible y reservado, si tiene un padre agresivo, que lo menosprecia con facilidad, que cuando se enfada grita con desmesura y le repite lo mal que lo hace todo y lo inútil que es, probablemente se encerrará en sí mismo, se esforzará al máximo para complacer a ese padre imposible de satisfacer, y temblará y se le acelerará el corazón cada vez que lo vea entrar por la puerta. Será un niño que se sentirá más tranquilo cuando el padre no esté cerca y que crecerá con unas carencias afectivas desmesuradas. Puede que en su familia les cueste muchísimo hablar de ellos mismos, de lo que sienten, de lo que sucede, de los problemas, de lo que no funciona. Y cuando ese niño se haga un adolescente, lo pasará muy mal. Es probable que sin darse cuenta, elija uno de estos dos caminos:

- Que se junte con los menos recomendables de la clase y comience a flirtear con las drogas y las conductas menos adecuadas para sentirse importante, valorado y respetado por los demás.
- Que se encierre más aún en sí mismo, creando un mayor rechazo hacia él por parte de los demás. En esta etapa de la adolescencia, es importante establecer vínculos entre iguales. Si nos encerramos y no lo hacemos, nos sentimos mucho peor y podemos entrar en un terreno de pensamientos depresivos que incluso pueden conducirnos a conductas suicidas.

Se trata de adolescentes que no tienen a nadie con quien se sientan cómodos de verdad, que les dé la seguridad y la confianza para abrirse y expresar lo que lleven dentro sin miedo.

De ahí que cuando se convierten en adultos, y aunque tengan que relacionarse con otras personas por obligaciones laborales, nunca llegan a establecer vínculos profundos con ninguna de ellas. Sienten que nadie les da la confianza suficiente y se mantienen distanciados como una forma de protegerse o para que no les hagan daño. No en vano, a eso es a lo que están acostumbrados.

Aunque puedan esforzarse por hablar o acercarse a algunas personas, para ellos es muchísimo más cómodo quedarse en casa solos y con sus cosas. Así es como están acostumbrados, como se sienten seguros y a salvo. Así no tienen que enfrentarse a la posibilidad de que los rechacen, de que hagan el ridículo y, en definitiva, que lo pasen mal. Pero claro, esconderse para evitar el problema nunca nos lleva a solucionarlo, antes al contrario: cuanto más lo evitamos y nos escondemos, más complicado y difícil lo vemos para superarlo. Es importante salir de nuestra zona de confort para que podamos ir superando límites y barreras que nos hemos puesto nosotros mismos.

Aun así, como te comentaba antes, son personas que se

han documentado y que a pesar de que les cueste mucho dar ese paso, si finalmente acuden al consultorio, tienen bastante claro lo que les ocurre y por qué. Saben de dónde proceden sus traumas o dificultades, lo entienden. Pero desgraciadamente entenderlo no basta para cambiarlo. Hay que modificar muchas creencias que tienen instaladas en su mente, que les están limitando, bloqueando e impidiendo que avancen. Deben atravesar esas barreras que ellos mismos se han puesto sin querer. Deben aprender a quererse, deben darse cuenta de lo valiosos que son, de las cualidades que tienen y de que hay muchísimas personas que estarían interesadas en lo que tienen por compartir.

Como digo, aunque les cueste mucho, si un día se arman de valor y piden ayuda terapéutica, ya tienen el 50 por ciento del camino andado.

Agresividad

Los comportamientos agresivos también son una clara señal de baja autoestima. Las víctimas son las parejas o los hijos, porque son quienes sufren y tienen que soportar esa agresividad puntual o habitual. En algunos casos muy poco frecuentes, la persona agresiva se da cuenta de que su conducta no es adecuada y pide ayuda para aprender a cambiarla.

Te voy a hablar del caso de Pedro, porque fue un caso muy especial y entrañable a quien me encantó poder ayudar.

El caso de Pedro

Pedro tenía cuarenta años. Funcionario de Hacienda, tenía un buen sueldo y era una persona sensible e inteligente. Un día empezó a salir con Clara. Ella era una chica preciosa, dulce, inteligente, empática, emprendedora y con una buena autoestima. Se había separado hacía un año y tenía un hijo de cinco. A los pocos meses de estar juntos, como vivían en ciudades diferentes, decidieron vivir juntos en la casa que tenía Pedro en Barcelona. Ella pidió un traslado en el banco en el que trabajaba y se subió al tren con su pequeño. Al poco tiempo ya había rehecho su vida en aquella nueva ciudad. Pero también al poco tiempo empezó a sorprenderse con ciertas conductas de Pedro. Se dio cuenta de que a veces, cuando debía hablar con el padre de su hijo, con quien mantenía una muy buena relación, Pedro se ponía furioso. Empezaba a enfadarse, a enfurecerse hasta acabar tirando objetos en el suelo mientras gritaba que no entendía por qué tenía que hablar tanto con él. Otras veces, estaban muy bien y de repente si ella no estaba de acuerdo con alguna cosa que él proponía, él reaccionaba de la misma manera, con agresividad y gritos. Era como si se transformara en otro ser. Clara no entendía nada, no lograba comprender qué era lo que le ocurría y por qué pasaba de ser dulce, cariñoso y comprensivo a ser aquel individuo colérico, distante y que empezaba a darle miedo.

Un día estaban en el sofá viendo una película medio dormidos y por algún motivo, él se enfadó y le pegó. Da igual si fue sin querer o queriendo, la cuestión es que aquello para Clara fue la gota que colmó el vaso. Ya no hubo más que hablar y con todo su dolor le dijo que se iba, que ya no quería continuar más a su lado. Le confesó que lo quería, pero que no estaba dispuesta a soportar más aquello y mucho menos que su hijo aprendiera e imitara en un futuro su comportamiento.

Y fue allí cuando Pedro despertó. De repente se hundió su mundo y empezó a verse a sí mismo tal como era. Tomó conciencia de que aquellas conductas eran completamente tóxicas para cualquiera y que no quería seguir así. Contactó conmigo porque había leído mi libro *Cuando amar demasiado es depender* y se daba cuenta de que él era el tóxico en su relación y quería cambiar aquello como fuera. Sabía que probablemente ya no había marcha atrás con la decisión de Clara, pero quería cambiar.

Aunque él no lo expresó nunca, yo sé que en gran parte decidió someterse a psicoterapia por si Clara veía aquello como un gesto de querer cambiar y no se iba, pero también vi en él unas ganas sinceras de soltar toda la rabia que llevaba dentro, que se esforzaba en controlar pero que a veces no podía y se le escapaba. Veía en sus ojos su niño interior herido y que había sufrido muchísimo y tenía muchas ganas de ayudarlo para que se encontrara con él y empezara a cuidarlo como se merecía. Ese niño siempre había estado allí.

En seguida vimos que su infancia no fue nada fácil. Un padre trabajador y muy bueno pero completamente anulado por la madre, una mujer fría, manipuladora y maltratadora. Esta, ya de pequeño, lo había tratado con desprecio, insultándolo, menospreciándolo y haciéndole sentir que jamás llegaría a ninguna parte ni serviría para nada. Echaba por el suelo todo lo que Pedro hacía, quitándole mérito o expresando un profundo rechazo. Cuando las cosas no iban como ella quería, insultaba a todo el mundo y empezaba a romper cosas. Igual que hacía su hijo cuando esos arrebatos se apoderaban de él: Pedro cayó en la cuenta de que en esos momentos de ira desatada se transformaba en su madre.

Me explicaba que en cuanto pudo se fue de casa, pero que por algún motivo siempre la había estado llamando casi a diario, a pesar de no entender muy bien por qué lo hacía y a pesar de que la conversación que mantenían siempre hacía que, al colgar, se sintiera un miserable. Incluso cuando acudió a mí seguía llamándola.

Hacía unos días la llamó y le explicó que Clara se iba a ir de casa por un problema que habían tenido. Aunque no tuviera mucho sentido, Pedro era como ese niño que un día fue y que seguía buscando el apoyo, la comprensión y el reconocimiento de su mamá. Aquel apoyo que nunca había recibido. En realidad, aunque parezca irracional, nunca dejamos de buscarlo.

Pues bien, la llamó y le explicó que Clara se iba y su respuesta no fue otra que: «No me extraña, con lo inútil que eres lo que no entiendo es cómo ha estado tanto tiempo contigo... y ahora ni se te ocurra venir a pedirnos dinero, ¿eh?».

Le pregunté a Pedro: «¿Por qué la sigues llamando tan a menudo? ¿Te gusta que te maltrate? ¿Lo necesitas?». Y Pedro lloró. Lloró sin poder parar durante varios minutos. Era como si le salieran las lágrimas que nacían de la pérdida inminente de Clara, del amargo sabor tras cada conversación con su madre, de aquel niño que había sufrido tanto maltrato psicológico durante tantos años, del adolescente que siguió permitiéndolo y del otro Pedro que salía de él cuando se transformaba y perdía el control.

Vi tanto dolor dentro de Pedro, que comprendí mucho más de su triste y dura historia. Y también él comprendió mucho más. Sabía que tal vez no podría recuperar a Clara, que quizá ya era tarde porque le había hecho daño y lo entendía, pero en ese preciso instante se dio cuenta de que quería cambiar por él. No quería seguir siendo su madre, transformándose en ella en el momento menos pensado, sin poder controlarlo y haciendo daño a quienes más quería, a las personas que lo trataban con verdadero amor y respeto.

Pedro cambió, tomó el control de sus emociones y aprendió a ser él quien las manejara de la manera más adecuada en cada situación. Se alejó de su madre y consiguió contactar con ella solamente los días que lo deseaba de verdad, teniendo claro lo que iba a encontrarse. Era evidente que la madre no iba a cambiar y eso debía tenerlo asumido. De nada sirve en esos casos intentar que ella vea que así no va bien, que no puede maltratar a los demás de ese modo... ella no era consciente ni tenía ningún interés, a esas alturas, de cambiar nada. Es mejor asumirlo, aceptar que el otro es así, y ser nosotros quienes ponemos los límites necesarios y adecuados para protegernos.

Debo decir que me gustó especialmente el caso de Pedro, porque es muy poco frecuente. Normalmente, las personas que se comportan así se identifican tanto con esas conductas agresivas y las tienen tan incorporadas que las ven normales y justificadas. Por ello, no están dispuestas a hacer nada para cambiarlas.

Aunque puede que en algunos momentos, cuando ven que van a perder al otro, le prometan que van a cambiar y que no lo van a hacer más y que blablablá... Solo hay que observar qué es lo que hacen a posteriori, por sí mismos, para conseguir ese cambio. Podemos resumirlo en una sola y triste palabra: «NADA».

Debemos tener muy claro y asumido que nadie cambia por el simple hecho de decir que va a cambiar. Si queremos cambiar conductas que están tan arraigadas en nosotros y que nacen de nuestro interior sin que ni siquiera nos demos cuenta ni podamos controlarlo, necesitamos herramientas.

Solo podremos conseguirlo si hacemos un proceso terapéutico de crecimiento personal que nos ayude a comprender de dónde viene todo ese dolor y que nos proporcione la ayuda necesaria para transformarlo.

Toda persona que esté al lado de otra que no la trata bien, por mucho que sienta que la quiere, tiene tres opciones:

- Si el agresivo dice que no tiene ningún problema o incluso justifica su agresividad y su maltrato culpando al otro de ser quien lo provoca, no hay **nada** que hacer. **Hay que irse de inmediato**.
- Si el agresivo dice que se da cuenta de todo, que ya ve que no puede seguir así y que no lo va a hacer más (a pesar de haberlo hecho siempre desde que lo conocemos), pero a efectos prácticos lo observamos y lo único que hace es esforzarse un poco en controlarse los días posteriores al último suceso dramático... en este caso te aseguro que no deberíamos engañarnos ni un poquito. **No va a cambiar nada**. Como te decía antes, uno no cambia una manera de actuar o unas reacciones que están incorporadas en nuestro cerebro desde que era niño por el simple hecho de decir que va a cambiarlas. Lo siento, pero no es suficiente. A la que baje la guardia, se relaje y vuelva a ser él mismo, volverá a reaccionar exactamente del mismo modo porque no tiene herramientas para evitarlo. Si queremos seguir allí junto a él a pesar de todo, somos libres de hacerlo, pero por lo menos que no nos engañemos diciendo que ahora va a cambiar porque se ha dado cuenta y lo ha prometido. Si sus promesas no van acompañadas de hechos (pedir ayuda terapéutica), estas no son más que palabras y en eso se van a quedar.
- Si el agresivo se da cuenta de lo que sucede, toca fondo y siente la verdadera necesidad de cambiar aquello porque no quiere hacer más daño a las personas que ama, pedirá ayuda. Estará dispuesto a hacer lo que

haga falta para conseguir ese cambio en él. Y lo hará primero por él, y después por los demás. Es básico que uno lo haga por sí mismo, porque también sufre viendo las consecuencias de sus actos. Si esa persona pide ayuda y empieza un proceso de crecimiento personal, es muy probable que **sí que consiga cambiar**. En estos casos es la única manera en la que el cambio es posible.

Este fue el caso de Pedro, que consiguió cambiar. Es cierto que se trata de un caso poco frecuente, pero por suerte hay alguno.

Maltrato psicológico / físico

Supongo que a estas alturas del libro, ya imaginas que las personas maltratadoras son personas que en su infancia han sufrido maltrato de algún tipo, en mayor o menor grado.

No tratan mal a los demás porque sí. Aparte de aquellos casos más graves en los que se precisa ingreso en prisión, están aquellos a los que yo llamo «maltratadores cotidianos». Son aquellos que poco a poco, sin que nos demos cuenta nos manipulan y nos hacen sentir cada vez más pequeños, menos valiosos y menos capaces. A través de ir minando y destruyendo nuestra autoestima, ellos fortalecen (falsamente) la suya.

Es como si cargaran con aquellas viejas heridas del niño que fueron y que tanto sufrió, y sintieran la necesidad de hacerlo pagar a cualquiera, generalmente a la persona que tienen al lado, que acostumbra a ser la pareja o los hijos.

Son personas que poco a poco van arrebatándonos la libertad. Pueden llegar a controlar nuestras actividades, nuestras amistades y nuestro trabajo, lanzando juicios de valor y opiniones despectivas con respecto a cualquiera que forme parte de nuestro círculo más cercano.

Nos aíslan y, cuando nos tienen allí para ellos, empieza lo más duro. A veces llegan incluso a controlar nuestro dinero, consiguiendo así que seamos completamente dependientes de ellos.

En estos casos, podemos afirmar que ambas partes tienen un problema de autoestima. El maltratador lo tiene por el hecho de necesitar empequeñecer a la otra persona y sentirse así más fuerte y poderoso, y la víctima también, por dejarse maltratar. Las víctimas suelen ser personas con un autoconcepto muy bajo, se sienten muy débiles, vulnerables y poco merecedoras de algo mejor.

Es obvio que alguien con una buena autoestima, no duraría ni tres días al lado de una persona que le quita la libertad y le ordena lo que tiene que hacer, cuándo, cómo y con quién.

En ocasiones el maltrato psicológico va acompañado del maltrato físico, que muchas veces surge como consecuencia del abuso de alcohol o drogas por parte del maltratador. También acostumbran a ser casos que de niños han sido físicamente agredidos, aunque está claro que esto no les exculpa.

Cuando estamos al lado de alguien que se comporta así y tras el episodio en cuestión nos pide perdón, se avergüenza y nos suplica que le demos otra oportunidad, la decisión está en nuestras manos. Aun así, debemos tener en cuenta que, cuando alguien se comporta así una vez, es probable que aquella conducta forme parte de su repertorio. De otro modo no la habría elegido. Si, aun así, decidimos perdonar, hay que tener muy claro que eso no debe volver a suceder nunca más. Puede que después de la primera no haya más, pero después de la segunda podemos estar seguros de que siempre habrá una tercera.

Y nuevamente hay que tener en cuenta que por mucho que diga que va a cambiar, si no hace nada a nivel práctico como pedir ayuda terapéutica, tenemos que asumir que no cambiará nada.

Consecuencias finales de la baja autoestima

Todos estos casos son ejemplos que nos permiten ver de qué manera repercute en nosotros tener una autoestima demasiado débil. Si bien estos son los principales o más frecuentes, hay muchísimos más.

Si te fijas, todos ellos tienen algo en común: la persona que sufre esas consecuencias es alguien que, por un lado, tiene muchísimo **miedo a quedarse sola** y, por otro, es una persona que **no se trata bien a sí misma.**

El miedo a quedarnos solos ha estado en los seres humanos desde el inicio. De hecho, si bien el miedo es necesario porque nos ayuda a detectar cuándo estamos frente algún peligro real, cuando es un miedo que nos paraliza y nos incapacita estamos hablando de un miedo irracional.

El miedo a quedarnos solos nos puede llevar a tener conductas que nunca habríamos imaginado con los demás. A tolerar, a permitir, a mentir, a engañarnos, a enfermar, a actuar en contra de nuestros principales valores, de nuestra manera de ser, más allá de nuestros propios límites.

Es cierto que el ser humano es social y necesitamos relacionarnos con otras personas pero la realidad es que nunca vamos a quedarnos solos. Siempre habrá alguien a nuestro alrededor.

Este miedo nos esclaviza, nos vuelve dependientes y nos hace dejar de ser quienes somos en realidad. Por ello, es completamente imposible que seamos felices y nos sintamos bien detrás de nuestra piel. Uno tan solo puede ser feliz si se siente libre y orgulloso de mostrar el ser humano que realmente es. Por ello, reforzar la autoestima y reducir al máximo ese miedo a quedarnos solos o, por lo menos, conseguir que no nos desvíe de nuestro camino es una tarea del todo imprescindible.

Por otra parte, está el hecho de no tratarnos bien. Es necesario que nos demos cuenta de cómo nos hablamos a nosotros mismos a través de nuestros pensamientos. Cuando lo revisamos, a menudo nos sorprende lo que descubrimos. Ya hablamos de que mensajes como «No soy capaz», «Yo no valgo», «Cualquiera es mejor que yo», «No puedo» o «Nunca lo conseguiré» son los que nos llevan a hundirnos hasta lo más profundo, a renunciar a nuestros sueños y seguir quejándonos de lo triste e insulsa que es nuestra realidad.

Cuando trabajamos estos temas en el consultorio y la persona toma conciencia de lo que ocurre, siempre le pregunto: «Esto que te dices a ti mismo, ¿se lo dirías a alguien más?». La respuesta acostumbra a ser inmediata: «¡No! Cómo le iba a decir eso a alguien...». Te puedes imaginar que a continuación mi pregunta es: «¿Y qué diferencia hay entre otra persona y tú? ¿Por qué no se lo dirías a nadie y, en cambio, a ti sí? Parece que al pensar en los demás lo tienes muy claro, no entiendo qué diferencia hay cuando se trata de ti».

Se quedan pensando y se sorprenden al ver que en realidad no hay ninguna diferencia. Y a continuación mi pregunta es:

- «Decirte estas cosas, es **tratarte mal**, ¿verdad?».
- «¿Te das cuenta de cómo te **maltratas**?».

¿Cómo se sentiría esa persona a quien tratáramos de esa forma? Si verbalizáramos ese tipo de mensajes descalificadores y extremadamente negativos, no creo que nadie se sintiera bien o fuera capaz de no darle importancia. La tiene y para todo el mundo. Es al comprender cómo se sentiría otra persona cuando uno entiende por qué se siente tan mal consigo mismo, tan poca cosa, tan débil y tan poco capaz de generar ningún cambio. Así se sentiría cualquier otro ser humano que fuera maltratado. Así nos sentimos nosotros al maltratarnos con esos mensajes.

Es en este punto donde tocamos fondo. Es muy importante que lo hagamos para poder decidir emprender el camino necesario para salir de allí. Nos estamos maltratando con esos mensajes, y tenemos claro que eso no se lo haríamos a nadie más.

Y es que identificamos el término «maltrato» como algo muy fuerte y que no tiene nada que ver con nosotros ni con nuestro entorno inmediato. Tenemos asumido e interiorizado que aquello que pensamos es la pura realidad. Maltratar es tratar mal, así de simple.

Por tanto, que quede muy claro:

- Si estoy con una persona que siento que en determinadas ocasiones no me trata bien, sea por lo que sea, entonces siento que me trata mal. Y si me «**trata mal**», me «**maltrata**».
- Si yo me digo según qué cosas a mí misma y siento que eso no es un buen trato hacia mí, que es algo que a otro ser humano no sería capaz de decírselo o de hacérselo, entonces me estoy «maltratando».

Por fuerte que nos parezca el término, es así. Y jamás deberíamos permitir el maltrato ni acostumbrarnos a él, tanto si proviene de otra persona como si soy yo mismo quien me trato de esa forma. Jamás. Por consiguiente, cuando nos cercioramos de ello debemos ponerle remedio lo antes posible y con extrema urgencia ya que trata de algo muy grave.

En la mayoría de los casos, olvidamos que tendríamos que darnos cuenta de que somos la persona más importante de nuestra vida. **La más importante**. Somos la persona con quien vamos a estar durante el resto de nuestra vida, veinticuatro horas al día, siete días a la semana. Siempre. Para lo bueno y para lo malo. Nos tratemos como nos tratemos, nos aceptemos o nos rechacemos, nos insultemos o nos reconozcamos, seguiremos allí. Por ello, cuanto mejor sea la relación con uno mismo, cuanto mejor nos tratemos, mejor nos sentiremos. ¿No estás de acuerdo?

Y cuando hay algo que no puedes cambiar, lo más inteligente es que lo aceptes como es. Si tratas de luchar por conseguir un cambio y este no es posible, solo conseguirás cosechar frustración, empeorando así tu día a día.

Recuerdo que un día estaba haciendo una sesión con una chica que se hacía mucho daño con palabras destructivas hacia sí misma. Le dije que durante una semana llenara su casa de *post-its* con esos mensajes que cultivaba en su cabeza: «Soy lo peor», «Jamás conseguiré nada», «Soy idiota», «No soy capaz de conseguir lo que deseo», «No valgo»...

Volvió completamente hundida. Se había sentido muy mal y me explicó que no aguantó toda la semana y los quitó a los tres días. Ese era el objetivo. Para la semana siguiente le propuse hacer lo contrario y pegar por toda la casa *post-its* con mensajes positivos: «Soy maravillosa», «Conseguiré todo lo que me proponga», «Soy capaz», «Soy importante», «Soy valiosa»...

La experiencia fue completamente distinta: tomó conciencia del cambio en ella y en sus emociones. Fue para ella, en suma, una experiencia reveladora y que marcaría un antes y un después.

Así pues, si ves que no te tratas bien, ¿está claro que hace falta un cambio? Espero que ahora lo veas más urgente y necesario porque la realidad es que lo es y mucho.

Aunque estamos muy acostumbrados a escuchar la frase «**No trates a los demás como no te gustaría que te trataran a ti**», a mí me gustaría reinventarla y crear una nueva:

«No te trates a ti **como no tratarías a los demás».**

¿Qué te parece? Si te gusta la idea y te parece coherente, seguramente te sentirás animado a emprender el camino hacia esa mejora interior. Ese camino que parece muy largo y tortuoso, pero que en realidad es la ruta más valiosa que vamos a recorrer en nuestra vida. Es el camino que más nos va a ayudar, a enseñar y a transformar. Con él comprenderemos y aprenderemos. Creceremos y nos haremos más fuertes, más auténticos y más humildes. Nos encontraremos a nosotros mismos y conectaremos con nuestra verdadera esencia. Ese «yo» que llevamos dentro, ese niño que fuimos en algún momento de nuestra vida y que quedó anulado, escondido, asustado o perdido en algún rincón de nuestra historia.

El camino hacia nuestra autoestima deberíamos recorrerlo todos, sin excepción.

Supongo que si estás leyendo este libro, estarás de acuerdo en que la autoestima es algo básico y determinante para los seres humanos. Como ya vimos, sentirse a gusto, seguro y confiado con uno mismo nos llevará a vivir experiencias completamente distintas a las que viviremos si no nos sentimos así. Si las emociones que cultivamos en nuestro cuerpo son de miedo, inseguridad o rechazo hacia lo que somos, eso nos llevará por la vía rápida a una vida triste, mediocre y gris. Viviremos con la seguridad de que somos víctimas absolutas de nuestras circunstancias y por ello nos resignaremos a la cruda y desafortunada realidad que vemos a través de nuestros ojos.

Qué angustia ver la vida de ese modo, ¿no te parece? Pues aún es más angustioso saber que la mayoría de las personas viven así, con esa oscura visión y esos oscuros sentimientos.

¿Cuál es la buena noticia? Mejorar tu autoestima y tu calidad de vida sintiéndote muchísimo mejor es posible.

¿Te apuntas al viaje?

¿Quieres emprender este camino conmigo?

Vamos.

NOTAS

SEGUNDA PARTE
AUTOESTIMA AUTOMÁTICA

4

RECUPERAR TU AUTOESTIMA

En esta segunda parte del libro quiero explicar las claves para obtener una autoestima automática. Con ellas, nos será mucho más fácil darnos cuenta de cuál es el punto en el que estamos fallando y podremos transformarlo lo antes posible para volver a estar bien.

Ya sabemos que la autoestima fluctúa y puede ser que siempre nos hayamos sentido bien, pero después de vivir determinadas circunstancias nos baje y tengamos un importante problema, o también puede ser que siempre nos hayamos sentido mal o que dependiendo de la época tengamos subidas y bajadas.

Por ello, sea cual sea nuestro caso, es muy importante que tengamos claras las pautas para obtener, en la mayor brevedad posible, una mejora de la misma y así podamos sentirnos bien con nosotros mismos, afrontando los cambios o retos que se nos pongan delante y apostando por todo aquello que merecemos.

En definitiva, tener una buena autoestima es lo que nos permite tener una experiencia de vida mucho más positiva y placentera.

Vamos a ver, pues, los pasos que tenemos que seguir para conseguir una autoestima automática.

Empezando el camino

Tomar conciencia (despertar)

> «Despertar es darte cuenta de que has estado balando toda tu vida creyendo que eras una oveja, cuando en realidad eres un tigre».
>
> FRED KOFMAN

Para poder crecer y mejorar nuestra autoestima, debemos empezar por este ingrediente imprescindible: **tener conciencia** de que necesitamos un cambio o una mejora. Si no somos capaces de detectar esto, seguiremos siendo como somos eternamente (a menos que la vida nos depare un golpe extremadamente fuerte e inesperado y eso nos haga reaccionar). Es necesario vernos tal como somos, con lo bueno y con lo malo y debe haber un deseo interno de mejora. Es importante conectar con esa parte en nuestro interior que nos ha querido siempre, esa parte que nos ha cuidado y protegido en todo momento y que no nos ha abandonado. Dicen que si uno está vivo es porque sus ganas de vivir son mayores que sus ganas de morir. Cuando esto cambia y perdemos las ganas de vivir (debido a algún cambio muy drástico en nuestra vida o por algún desorden mental), todos sabemos que con ayuda podemos remediarlo, pero, por naturaleza, los seres humanos tenemos un instinto de supervivencia que nace en nuestro interior. Las ganas de vivir y de estar bien las llevamos «de fábrica».

Conectar con esas ganas nos permite focalizar la atención hacia aquello que nos está obstaculizando el paso, que interfiere y dificulta nuestro camino. Solo podemos ponerle remedio cuando lo vemos. Está claro que si no lo veo no voy a hacer nada para cambiarlo porque ese problema no existe para mí.

Por tanto, hay que despertar, abrir los ojos y mirarse, analizarse, hacerse preguntas:

«¿Cómo me siento?».

«¿Me gusta cómo soy?».

«¿Cómo son mis relaciones con los demás?».

«¿Soy yo mismo cuando me relaciono o tengo que esforzarme por mostrar algo que no soy, pero que creo que será más atractivo para los demás?».

«¿Me cuesta decir "no"?».

«¿Estoy cuando me necesitan?».

Cuando estamos soñando, vivimos todo aquello que vemos en el sueño como si fuera real. Lo vemos como real, lo sentimos como real y lo sufrimos o disfrutamos como si estuviera sucediendo de verdad. En ese momento, no nos cuestionamos ni planteamos si aquello es un sueño o no.

A pesar de ello, al despertar y recuperar la conciencia nos percatamos de que no era cierto, de que todo fue producto de nuestra imaginación. Aunque lo veíamos totalmente real, no lo era; aunque lo sentíamos a través de nuestras emociones y nuestro cuerpo, no podíamos sentirlo. Mientras soñamos podemos, de repente, empezar a reír, a llorar, a gritar, podemos asustarnos o angustiarnos... pero, sea cual sea y sea como sea el sueño en el que hayamos estado buceando, lo que realmente importa es aquello con lo que nos encontramos al despertar.

¿Te imaginas que no despertáramos? ¿Que viviéramos una realidad paralela más allá de la realidad del resto de la gente? ¿Que todo el mundo viera las cosas de una forma y nosotros lo viéramos diferente? Como puedes imaginar, tendríamos bastantes problemas a la hora de relacionarnos con los demás, tanto a nivel de comunicación como de interacción.

Es importante que nos demos cuenta de que eso es lo que sucede a menudo con nosotros. Vivimos una realidad paralela, en la que estamos como dormidos o hipnotizados, creyendo y basándonos en una información sobre nosotros mismos que no encaja para nada con la realidad de lo que somos (respecto a nuestro potencial y capacidades). Hay quienes están más preparados para «despertar» que otros. Algunos lo hacen a edades tempranas y otros a lo mejor no van a hacerlo nunca.

En otras palabras, tomar conciencia es despertar, es darse cuenta. Algunas personas tienen mayor conciencia de sí mismas, se analizan, se hacen más preguntas y tienen mayor interés en conocerse, sentirse mejor y buscar la manera de obtener la versión más desarrollada de sí mismos. A otros, esto no les interesa lo más mínimo.

Tomar conciencia es el paso inicial que hay que dar en este camino de crecimiento para que podamos, más adelante, llegar a la cima.

Todos los pasos que propongo para mejorar nuestra autoestima, son completamente necesarios e imprescindibles. Seguro que todo el mundo conoce la expresión «No hay más ciego que aquel que no quiere ver». En el caso de la autoestima sucede lo mismo. Para conseguir que esta sea más fuerte, lo primero que debemos hacer es ver que hay que fortalecerla para conseguir estar mejor. Si un alcohólico no se da cuenta y no asume que tiene un problema con la bebida, si no ve que no es capaz de controlar ese hábito, ya sea porque le faltan herramientas o fuerza de voluntad, te aseguro que no hará nada para solucionar su adicción. Y si lo hace, será porque sus seres queridos le obligan a hacerlo, con lo cual el fracaso del intento está más que asegurado. En estos casos, uno tiene que tocar fondo con sus propias manos para conseguir tomar conciencia de verdad. Ha de sentir la frustración y el desespero que produce percatarnos de que estamos cayendo una y otra vez en el mismo profundo pozo. Uno lo tiene que sentir por sí mismo. De nada sirve que nos hagan intensos y profundos discursos, pues si no estamos preparados para verlo no lo veremos.

Tomar conciencia es como poner luz. Imagina que entras a diario en una habitación que está a oscuras y por mucho que te esfuerces en evitarlo, tropiezas siempre con algún objeto que no logras sortear. En cada nuevo intento vuelves a darte en la espinilla y cada vez te duele más. Te genera impotencia, rabia y frustración, pero eso no te ayuda para que deje de suceder.

Ahora imagina que un día instalas un potente foco y al enchufarlo, de repente se hace la luz. Y lo ves todo. Ves cada uno de los objetos con los que te estabas lastimando y por fin lo comprendes. Ahora, con la luz encendida, puedes esquivar cada bulto sin problema. Los ves, y al lograr ver consigues tu objetivo sin hacerte daño.

Con nuestra vida sucede exactamente igual: nos pasan cosas, tenemos problemas y dificultades que nos impiden fluir y crecer con facilidad, pero si no lo vemos, tropezaremos una y mil veces con la misma situación. Tanto si se trata de parejas tóxicas, o de perder oportunidades debido a nuestra inseguridad o de jefes malintencionados que nos hacen sentir mal.

Insisto: la clave y el primer paso empieza por verlo, es decir, por tomar conciencia de ello.

Hay personas que están tan acostumbradas a vivir sintiéndose mal, creyendo que son menos que los demás o poco capaces y débiles, que se identifican completamente con esta imagen y ni tan solo se plantean la posibilidad de que la realidad sea diferente. Y como ni siquiera se lo plantean, esa nueva idea no es una opción para ellos, no existe. A eso lo denominamos «no tener conciencia». No verlo y estar cerrados a esa posibilidad.

También es cierto que algunas personas no lo ven, pero están abiertas a nuevas maneras de enfocar su realidad. Son aquellas que tienen interés en leer sobre el tema, en saber sobre nuevas maneras u opciones de sentirse y de observar las dificultades. Son aquellas que están interesadas en cómo piensan las otras personas que se sienten diferente. Son los que poco a poco irán despertando, se irán dando cuenta, lo cual les dará la oportunidad de cambiar, de mejorar, de seguir adelante con los pasos siguientes. Verán que es curioso que unos se sientan tan bien y otros tan mal, y comprenderán que sentirnos de un modo u otro tiene que ver con las realidades que hayamos vivido con anterioridad. Aquello con lo que nos identificamos, está determinado por la autoimagen mental que tenemos en nuestra cabeza sobre nosotros mismos, y esa autoimagen se creó a partir de nuestras vivencias pasadas, como ya comenté al principio del libro.

Quien toma conciencia puede lograr comprender. Ver lo que sucede y encontrar la explicación. Al darse cuenta, tendrá la oportunidad de cambiar aquello que no le gusta. Pero, a pesar de todo, con darse cuenta no basta, no es suficiente. Una vez que comprendemos de dónde venimos y de qué manera ello nos ha influenciado y nos ha llevado a ser quienes somos, hemos de llegar a un nivel de aceptación total. La aceptación es el siguiente paso, también muy necesario.

En conclusión, tomar conciencia es ver y comprender algo que nos era desconocido, aumentar nuestro grado de autoconocimiento. Sin embargo, para que esto tenga sentido, debe ser algo que influya o que tenga algún impacto en nuestra manera de comportarnos. Si eso que supuestamente había comprendido no tuvo ninguna influencia en mí, es probable que en realidad no haya tomado conciencia. Es decir, si yo estoy actuando de forma incorrecta, de poco me sirve simplemente «saber» la diferencia que hay entre hacerlo mal o hacerlo bien. Si no actúo en consecuencia después de tener esos conocimientos, no me ha servido de nada y, por consiguiente, seguiré igual.

EJERCICIO: Tomar conciencia (despertar)

Completa la frase 1

En este ejercicio, te propongo cuatro frases incompletas para que cuando estés relajado y en un momento tranquilo de tu día (puede ser ahora o puedes dejarlo para otro momento), las leas y escribas cuatro o cinco posibles finales para cada una de ellas.

Es muy importante que no tardes en responder, que no te pongas a pensar en cuál es la mejor respuesta. Por el contrario, se trata de que escribas la primera respuesta que venga a tu mente. Aunque no te guste o no lo veas adecuado, escríbelo y vuelve a centrarte para poner otra respuesta. Cuando te hayan salido unas cuantas, pasa a la siguiente frase.

Se trata de un ejercicio muy efectivo para ayudarnos en este proceso de autoconocimiento y desarrollo personal tan necesario para mejorar nuestra autoestima.

Toma una libreta y anota la respuesta que se te ocurra para las siguientes frases que te propongo:

- Cuando me relaciono con los demás, me doy cuenta de que soy / no soy..............................
....
....
....
- Las cosas o situaciones que más me hacen sentir inseguro son..
....
....
....
- Si presto atención a mis deseos más profundos, esos que a menudo no me atrevo a mirar, son..
....
....
....

- Si analizo lo que pienso de mí y los mensajes me digo a mí mismo (sobre mí), es que soy / no soy..
....
....

Cuando acabes, tómate unos minutos para reflexionar sobre tus respuestas. Analiza lo que has escrito y empezarás a tomar conciencia de qué es lo que está sucediendo en tu interior, a nivel de pensamientos y a nivel de emociones. En definitiva, empezarás a entrar en contacto con tu autoestima.

Verás todo lo negativo que te está afectando y a lo que tienes que empezar a prestar atención para generar cambios positivos en ti.

Completa la frase 2

Sin pararte a pensar, escribe todos los finales que se te ocurran para la siguiente frase durante 2 minutos. Escribe por lo menos seis:

- Vivir conscientemente para mí significa ....
....
....
....
- Si fuera más consciente en mis relaciones más importantes, entonces..

....
....
....
....

- Si pusiera más atención a los problemas que me preocupan en cada momento de mi vida (relación de pareja, trabajo, ansiedad, sentimientos depresivos, etcétera)..
....
....
....

Después responde:

- Si me sintiera más seguro ....
....
....
....
- Si pusiera más conciencia en las actividades que realizo durante el día...
....
....
- ¿Qué ocurriría si pusiera más conciencia en mis relaciones más importantes? ....
....
....
....

Realiza este ejercicio cada día de lunes a viernes durante un par de semanas. No leas lo que escribiste el día anterior. Está claro que habrá coincidencias, pero también finales nuevos. Estarás llenando tu mente de energía que comenzará a trabajar para ti.

Cada ejercicio no te tiene que llevar más de 10 minutos. Si estás más tiempo, es porque estás pensando, analizando, dándole demasiadas vueltas. Eso no debería ocurrir. Intenta evitarlo. Responde con la primera idea que aparezca en tu mente.

Durante el fin de semana, encuentra algún instante para releer lo que escribiste durante la semana.

A continuación, escribe **un mínimo de seis finales** para la frase:

- Después de analizar lo que escribí durante la semana, me doy cuenta de que sería bueno si yo...
  ....
  ....
  ....

El objetivo de realizar este objetivo es vaciar tu mente de toda expectativa sobre lo que pueda pasar o sobre lo que se supone que va a pasar. No te impongas nada. Intenta liberar tu mente de expectativas.

Haz el ejercicio, luego ve a realizar tus actividades diarias e intenta fijarte en cualquier diferencia que detectes en relación con cómo te sientes o cómo te comportas. Te darás cuenta de que cada vez te es más fácil fijarte y ser consciente de muchas cosas que antes no veías.

EJERCICIO: Reconocimiento

Debido a que en muchísimas ocasiones nos autoengañamos y nos vemos de la manera en que queremos vernos, es un buen ejercicio preguntarles a los demás cómo nos ven, cuáles son las cualidades y los defectos que ellos ven en nosotros. Podemos pedirles que cuando tengan un momento nos hagan una lista de lo positivo y lo negativo, y que es muy importante que sean honestos y sinceros. Nada de hacerlo para quedar bien, para que estemos contentos o para que nos digan lo que saben que queremos escuchar. No es un ejercicio para que nos juzguen ni critiquen. Debemos tener claro que son comentarios constructivos para nosotros y que el único objetivo que tienen es ayudarnos a tomar conciencia, ayudarnos a *despertar*.

Debemos pedirlo a personas de confianza, evidentemente. Personas que sepamos que nos conocen muy bien y que nos quieren. Puede ser un familiar (padre, madre, hermano, primo...), un amigo, la pareja... alguien, en definitiva, con quien nos sintamos seguros.

Lo ideal es que consigamos cuatro o cinco personas. Con ello obtendremos cuatro o cinco listas diferentes y es más que probable que nos sorprenda la cantidad de coincidencias que veremos en dichas listas.

Aquellos que nos conocen bien saben cómo somos más allá de lo que podamos mostrar o el papel que interpretemos. En efecto, cuando estamos con personas de confianza nos relajamos, bajamos la guardia y sin darnos cuenta pasamos a ser nosotros mismos, con nuestro mal carácter, nuestras inseguridades, nuestros miedos y nuestros deseos más profundos. Ellos nos ven en esos momentos y esa es la persona a la que quieren y la persona a la que van a describir en este ejercicio.

Los que tienen un mayor nivel de conciencia por lo general no se sorprenden al leer lo que los demás han escrito sobre ellos. Admiten que es cierto, que son así. Acostumbra a costarnos más admitir lo bueno que lo malo (señal clara de que nuestra autoestima no es suficientemente buena), pero, aun así, tan necesario es aceptar lo bueno que hay en nosotros, conectando con el agradecimiento y el bienestar, como lo malo, haciendo así posible emprender nuestro camino hacia el cambio lo más pronto posible.

Aceptarnos / querernos por ser como somos.
Potenciar el agradecimiento y dejar de rechazarnos, de quejarnos y de quedar atascados en el victimismo

Vamos a empezar por ver lo que es «No aceptarse». Para mí, hay pocas cosas más tristes para un ser humano que rechazarse por ser como es y adoptar por ello el papel de víctima. No hago más que insistir en el enorme potencial que tenemos cada uno de nosotros: lo creamos o no, está en nosotros siempre.

Y este es uno de los aspectos a los que deberíamos poner especial atención en nuestro «despertar». Debemos descubrir si estamos actuando como víctimas de las circunstancias y de todo cuanto ocurre a nuestro alrededor o si nos responsabilizamos de lo que nos sucede e intentamos buscar siempre aquello que podemos hacer para mejorarlo, para que cambie y salir beneficiados.

Las personas que se levantan por la mañana y se ponen el vestido de víctima son seres grises y oscuros y, por lo general, a nadie le gusta tenerlos cerca. Es cierto que todos podemos pasar una mala etapa, puede habernos sucedido algo inesperado, grave, triste o duro para nosotros, pero eso debe durar los días que necesitemos para reconstruirnos y darnos cuenta de que, a pesar de todo, siempre vuelve a salir el Sol. En caso de que ese peso nos impida volver a levantar la cabeza, debemos verlo, reconocerlo y pedir la ayuda necesaria.

Lo que jamás deberíamos hacer es quedarnos con el dolor y la pena y entrar en ese terreno tan desagradable y que genera tantísimo rechazo, de justificarlo todo con el triste «Es lo que hay...».

Cuando vemos que encajamos con este perfil que estoy describiendo, es muy importante que logremos llegar a una total aceptación de nosotros mismos. Aceptar es lo opuesto a rechazarnos: aceptar no es resignarse, sino asumir que eso es así y a partir de esa asunción ver qué se puede hacer para mejorarlo. Solamente podremos cambiar desde la aceptación total de aquello que somos. En el paso anterior vimos cómo somos y comprendimos por qué somos de esa manera. A partir de aquí hay que trabajar para dejar de rechazarnos por ello.

La clave está en aceptar que eso es así. De este modo entraremos en contacto con la realidad y evitaremos engañarnos y equivocarnos de camino. Pero la aceptación debe ser el paso previo a la acción. Una vez acepto que soy como soy y que hay ciertas partes en mi manera de ser que no son funcionales y que debo mejorar, pensaré en *hacia dónde quiero ir*, me marcaré unos *objetivos* de cambios o metas y, teniendo claro que conseguirlos es posible (a pesar de no saber cómo, muchas veces), empezaré a moverme hacia ellos.

A veces esto no es fácil porque lo hemos intentado en más de una ocasión y no hemos obtenido el resultado que esperábamos encontrar, pero desde la confianza y la conexión con nuestro potencial y nuestras enormes capacidades, si cambiamos de estrategia probablemente lograremos alcanzar ese objetivo inicial.

Te aseguro que cada vez que escucho a alguien pronunciando las palabras «Es lo que hay», refiriéndose a algo que sin duda puede cambiar, lo agarraría por los hombros y le diría: «¿Cómo que es lo que hay? ¡¡No es lo que hay!! Hay muchas otras opciones... ¿¿Por qué decides quedarte con esta si no te gusta??».

Lo cierto es que, sin darse cuenta en absoluto (porque quiero dejar claro que el 90 por ciento de las personas que visten de víctimas no lo hacen de una manera consciente), deciden quedarse con ese insulso «Es lo que hay». Así, tienen garantizado que si siguen con ese triste rol, van a generar lástima a muchos y lograrán que estén más pendientes de ellos. Es una manera de hacer que los otros se preocupen más por su estado, que les den más afecto y eso, inconscientemente, les gusta.

Aun así, no hay duda de que es una conducta errónea, que para nada nos conecta con la fuerza interna que todos llevamos dentro y que nos permitirá salir adelante y enfrentarnos a todos los desafíos que nos puedan sorprender.

Estar al lado de alguien a quien por muy bien que le vayan las cosas actúa desde el victimismo es cansino, nos quita la energía y, en consecuencia, no nos gusta.

Otra cosa es cuando caemos en un pozo porque nos pasó una desgracia inevitable e imprevista, un cambio repentino de la vida que nos llevó a replantearnos nuestro camino y nuestra realidad. Eso no es ir de víctima permanentemente. En este caso hay que hacer un trabajo emocional para aceptarlo y poder seguir andando, un trabajo que llevará un tiempo pero que con paciencia y ayuda alcanzará su objetivo.

Cuando hablo de víctimas, hablo de una actitud. Ese *ir de víctima por la vida*. Se trata de las personas que se quejan constantemente de todo y por todo, pero es curioso porque no hacen NADA para salir de allí, para que su triste realidad cambie. Esos son los que sin darse cuenta deciden permanecer en ese estado porque les compensa, porque ya les va bien.

Son los que tienen claro que las cosas «les pasan», que todo es cuestión de mala suerte y parece que nada va con ellos. Tienen la certeza de que son víctimas de las circunstancias y actúan como tales.

Y tú...

¿Actúas como una víctima?

¿Te estás quejando frecuentemente de todo aquello que no te va bien o te sale mal?

¿Estás pensando a menudo en tus características negativas y en lo que no te gusta de ti?

¿Te comparas con los demás utilizando esto como argumento para machacarte aún más y hacerte todavía más daño?

¿Verbalizas a menudo delante de otras personas lo poco que vales, el poco atractivo que tienes o lo mal que te sale todo?

¿Expresas en voz alta que es normal que nadie te quiera o quiera estar contigo por el hecho de valer tan poco?

¿Qué haces cuando los demás te dicen que eso no es cierto? ¿Sigues con tu argumento defendiendo tu punto de vista, consiguiendo así que el otro insista en que no es cierto lo que dices?

Creo que para comprender bien este segundo paso (aceptación) es necesario hablar del niño interior.

El niño interior

Dicen que «aquello a lo que te resistes, persiste». Es cierto y lo podemos ver si nos observamos con atención.

Cuando al hacer un trabajo de crecimiento personal, ponemos luz a nuestra historia y tomamos conciencia de cómo fue nuestra infancia y qué nos faltó en ella, entramos en contacto con nuestro *niño interior*. Ese pequeño que fuimos durante una etapa muy importante de nuestra vida. La más importante quizá. Es una etapa decisiva, porque cuando somos niños, somos como esponjas. Tal como vimos antes al hablar de cómo se construye nuestra autoestima, lo que hacemos es absorber información constantemente, sobre todo aquello que vemos a nuestro alrededor, aquello que nos sucede y aquello que voluntaria o involuntariamente nos transmiten nuestros padres.

Todos y cada uno de nosotros llevamos ese niño en nuestro interior. Está en nosotros. Sus carencias y conclusiones son las que guían nuestros pasos y definen nuestra personalidad y la manera como nos relacionamos con los demás.

En el consultorio, a través de ejercicios de visualización, siempre hago que mis clientes conecten con su niño interior. Creo que es un paso del todo imprescindible si queremos llegar a un nivel más profundo de comprensión y de transformación de nuestra autoestima. Debemos ver ese niño, hablarle, que nos diga lo que le faltó. Debemos abrazarlo, sentir todo el amor y la ternura que nos despierta en nuestro corazón. Si nos cuesta, tenemos que seguir con ello hasta conseguirlo. Algunas personas, al verlo, enseguida sienten un inmenso cariño hacia él. Otras se sienten mal por no haberle cuidado suficiente, por haberse olvidado de él. Otras experimentan unas ganas enormes de empezar a darle todo lo que necesite para que sea feliz a partir de ese instante. Ese es el objetivo. También hay casos en los que al realizar este ejercicio, no conectamos con el amor hacia el pequeño. Son casos en los que el adulto tiene un gran rechazo hacia sí mismo y, en consecuencia, una autoestima muy, muy baja.

Aquel que de inmediato siente cariño y ganas de cuidar y empezar a proteger ese niño, sufre un cambio enorme en muy poco tiempo. A los que les cuesta más, deben continuar con el proceso hasta que logren romper las corazas que les impiden llegar a él. Solo así empezaremos a transformarnos en aquello que somos de verdad.

Como dije, el primer paso es tomar conciencia de que ese niño está en nosotros y el segundo es aceptarle por ser así y decidir a partir de ese instante darle lo mejor.

¿Qué significa aceptarle por ser así?

Siempre les digo a mis clientes, después de hacer este trabajo para que conecten con su niño interior, que se imaginen que a partir de ese momento lo tienen a su cargo. Ya lo han visto, y han recordado cómo se sentía ese niño: triste, solo, tímido, inferior... Sea como sea, es básico sentir que lo aceptamos tal como es.

Si se tratara de un niño tímido e inseguro, a quien le cuesta mostrar lo que siente e interactuar cuando hay mucha gente, ¿lo estaríamos castigando y haciéndolo sentir inferior por ello? ¿Le estaríamos recordando a cada instante lo mal que lo hace cuando está con otras personas? ¿Le diríamos que no nos gusta como es y que nos sentimos avergonzados al verlo?

¡No! Estoy convencida de que tu respuesta es un «NO» rotundo, igual que la de todos mis clientes.

Entonces, lo siguiente que te planteo es: «¿Y qué diferencia hay entre este niño y tú? ¿Por qué lo haces contigo? ¿Por qué tú te castigas, te repites lo penoso que eres, lo mal que lo haces, lo ridícula que es tu manera de comportarte y relacionarte con los demás?».

La verdad es que no hay ninguna diferencia entre el niño y el adulto. Ninguna. Algunos me dicen que la diferencia es que el niño es pequeño y no le dirían nada de eso porque no querrían hacerle daño. Y entonces mi pregunta es: «¿O sea que sí que se lo dirías a tu mejor amigo? ¿Le dirías eso a un amigo o a cualquier otra persona de tu misma edad?».

Evidentemente su respuesta vuelve a ser un «NO» rotundo. Se dan cuenta de que hablarle así a alguien sería maltratarlo y eso no lo harían con nadie. Con nadie, excepto con ellos mismos. Y aquí reside el problema.

Debemos aceptarnos tal como somos. Debemos aceptar ese niño que llevamos dentro en todo momento. Debemos sentir que lo queremos y lo aceptamos precisamente por ser como es. Debemos transmitirle que lo queremos por ser así, que no nos importan sus partes más vulnerables, que es perfecto.

A través de la aceptación es como se produce el cambio. Si no lo aceptas, si te resistes a ello, entonces lo estás reforzando más aún y es cuando persiste.

Volvamos al niño. Imaginemos que es muy tímido y que lo estamos desaprobando constantemente por sus dificultades para interactuar y mostrarse ante los demás. Si nos burlamos de él y lo insultamos por ser retraído, ¿de verdad crees que eso lo ayudará a sentirse cómodo e interactuar con mayor soltura con las otras personas? ¡Para nada! Cualquier persona se encerraría aún más en sí misma. Si le repites a alguien durante años que es un inútil, esa persona no se volverá segura, sino justo lo opuesto. Dejará pasar oportunidades, se enganchará a relaciones tóxicas y tendrá una personalidad difícil. Machacar a alguien o a nosotros mismos no nos ayudará jamás a cambiar o mejorar. Solo hará que aquello se haga más profundo y sea más difícil modificarlo.

Ahora imagina que, por el contrario, nos acercamos a ese niño y le decimos una y otra vez que no hay nada malo en ser más reservado y que, aunque no interactúe con tanta frecuencia con los demás, seguro que será una persona más observadora, analizará más lo que sucede y eso lo hará más consciente de todo (lo cual es una grandísima cualidad). En este caso, es más probable que ese niño se vaya relajando y, al mismo tiempo, al sentirse más cómodo por ser como es, se vaya abriendo e interactuando con mayor facilidad.

Desde el momento que el niño se sienta aceptado como es, algo que le habremos transmitido con naturalidad y reconocimiento, este podrá transformarse y modificar aquellos aspectos que necesiten una mejora.

ERES PERFECTO

ERES LO MÁS IMPORTANTE DE MI VIDA

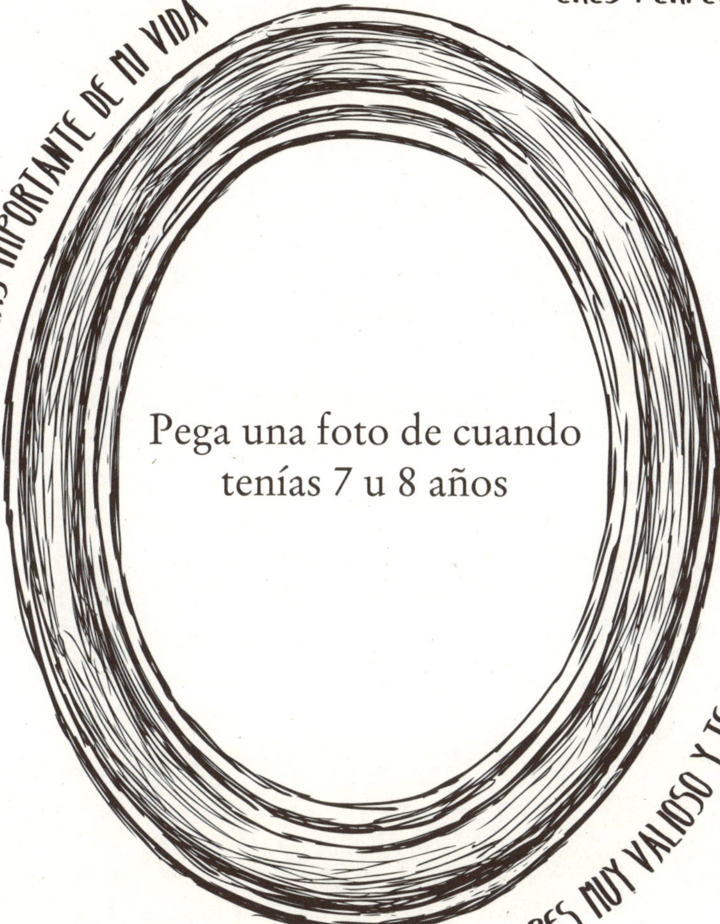

Pega una foto de cuando tenías 7 u 8 años

ERES MUY VALIOSO Y TE QUIERO POR SER ASÍ

ERES CAPAZ DE CONSEGUIR TODO
LO QUE TE PROPONGAS

EJERCICIO: Hazte cargo de tu niño interior

A continuación, la tarea que te propongo, ahora que ya somos conscientes de cuál es nuestra historia, cuáles son las vivencias que atravesó ese niño que llevamos dentro y que nos hacen ser quienes somos y como somos, es que nos hagamos cargo de él.

Cuando digo que me gustaría que te hicieras cargo de este niño, me refiero a que te imagines que está a tu cargo y le estás diciendo a él todo aquello que te digas a ti mismo, aquello que pienses de ti. Cuando se trata de mensajes muy negativos, no lo harías, ¿verdad? Pues no lo hagas, por favor. No le sigas haciendo daño. No te sigas haciendo daño.

Todo lo que no le harías a él no te lo hagas a ti porque te estás haciendo el mismo daño. Aunque al pensar en ti te parezca que no es tan grave, lo es igual que si se lo hicieras al niño.

La idea es que tomes conciencia de todo lo que pienses y te digas tanto a nivel de pensamiento como verbalmente a ti mismo. Al trasladarlo al niño, seguro que si es negativo te sentirás mal por ser palabras o comentarios demasiado negativos o descalificativos. Desde este punto, podemos empezar a cambiarlo.

Otra herramienta que es muy importante para lograr abandonar el victimismo, dejar de rechazarnos por lo que somos y empezar el proceso de total aceptación, sintiéndonos muy bien y con ganas de mejorar todo lo que sea necesario, es la gratitud.

La gratitud

La gratitud es un sentimiento que siempre me ha parecido de los más importantes y necesarios, para lograr vivir sintiéndonos en paz y en equilibrio. Es una característica de aquellas personas positivas y que se enfrentan a su vida con alegría y bienestar. Todos deberíamos aprender a dar las gracias, sean cuales sean las circunstancias de cada día. Y hablo de dar las gracias no solamente cuando las cosas salen bien.

Hay dos tipos de gratitud, la condicional y la incondicional. La primera hace referencia a cuando nos sentimos agradecidos porque todo sale como nosotros esperábamos. En estos casos conectamos internamente con una sensación de bienestar y realización. Pero ¿qué pasa cuando todo se tuerce o cuando algo no sale como lo habíamos imaginado? ¿Nos enfadamos? O también podríamos incluir: ¿qué pasa cuando no ocurre nada especial, cuando se trata de un día más, normal como todos? ¿Logramos sentirnos agradecidos entonces? ¿Conectamos con esa sensación de gratitud que nos produce tanto placer? Es en estos casos cuando hablamos de gratitud incondicional y nos referimos más a una actitud, a una manera de enfocar nuestra vida. Y es ahí donde tendríamos que intentar acercarnos.

Son numerosos los estudios que demuestran que las personas más agradecidas se sienten más felices y más exitosas. Se encuentran mejor física y psicológicamente y viven su vida con mayor ilusión y plenitud. Y también sabemos por qué. Cultivar pensamientos positivos (como son los pensamientos de gratitud) nos hace conectar y sentir emociones también positivas. En definitiva, los pensamientos de gratitud hacen que nos sintamos bien, de la misma forma que si me focalizo en todo lo que no me gusta, en todo lo que sale mal o en todas las desgracias que me han ocurrido, eso me llevará a sentirme mal. Parece evidente, ¿verdad? Pues no lo veríamos tan claro si fuéramos conscientes de la cantidad de pensamientos basura que cultivamos en el interior de nuestra mente. Más adelante te explico la teoría del PEC y con ello veremos de qué manera nos influye y cómo cambiarlo, pero no hay duda de que el poder que tenemos para sentirnos bien o mal es inmenso y deberíamos tenerlo muy presente.

Por tanto, es muy importante funcionar con **conciencia de gratitud**. Si conseguimos acostumbrarnos a hacerlo así, pasaremos a automatizarlo y sin darnos cuenta tenderemos a buscar siempre algo que agradecer a todo aquello que nos pase.

Te puedo asegurar que en mi vida hubo un cambio radical a partir del momento que tomé conciencia de esto. Parece un cambio muy simple y sencillo pero doy fe de que las consecuencias en nosotros y en los demás son enormes.

A menudo cuando propongo ejercicios para potenciar la gratitud a mis pacientes, me dicen cosas como: «Y yo ¿qué quieres que agradezca?..., ¡si no me pasa nada bueno! ¡¡Estoy fatal!!». Ahí estamos de nuevo con el disfraz de víctima encima, ese disfraz tan poco atractivo como recomendable. Bien, en estos casos debemos tomar conciencia de la cantidad abrumadora de cosas que podemos agradecer, como todo aquello que hacen muchas otras personas y que permite que nuestra vida sea mucho más fácil y placentera: desde los agricultores que han recogido la fruta que me como por la mañana, hasta nuestros padres, amigos, maestros, médicos... y todas aquellas personas que han contribuido a nuestro crecimiento y que nos han ayudado a sobrevivir hasta el día de hoy. Yo intento pensar en cosas que agradezco constantemente. ¡¡Y te aseguro que hay muchísimas!!

Agradezco hasta el infinito a los pacientes que confían en mí y deciden ponerse en mis manos para mejorar su calidad de vida, a todas aquellas personas que me siguen y que interactúan conmigo a través de las redes sociales, al camarero de la cafetería por sonreírme siempre cuando me sirve el café con leche por la mañana, a esa persona anónima que corrió detrás de mí por la calle para decirme que había perdido una carpeta mientras volvía rápido (como siempre) a mi consultorio, al chico que conducía un camión y al ver que al maniobrar se me cayó mi moto al suelo y no podía levantarla, paró su vehículo sin pensarlo en medio de la calle y vino corriendo a ayudarme, a esa amiga que sin más me envía un mensaje por el celular con un beso y deseándome que tenga un día maravilloso... Me emociono solo con recordar estos pequeños momentos tan y tan importantes para mí... y el agradecimiento que siento en el pecho es completamente reparador y me llena de bienestar y energía. Debemos estar agradecidos con muchísimas personas y, si activamos ese agradecimiento en nuestro interior, eso únicamente nos puede conducir a sentirnos bien, a poner en marcha emociones placenteras en nosotros. Con ello, mejorará nuestra calidad de vida. Cuanto mayor sea la gratitud que sintamos, más felices seremos.

Por otro lado, cuando uno está ubicado en la víctima, está claro que también le pasan estas cosas pero ni se da cuenta y menos aún las valora. No les da importancia... o a lo mejor ni las ve. Desde la víctima solo nos focalizamos en aquello que está en sintonía con nuestro estado, es decir, todo lo negativo, todo lo que no sale bien. En vez de sentirme profundamente dichosa porque ese chico paró su camión y vino corriendo a ayudarme a levantar la moto, podría haberme quedado con la mala suerte que tengo porque me había hecho un esguince en el tobillo (¡¡me lo hice de verdad!!).

Una misma realidad puede cambiar muchísimo dependiendo de en qué nos focalizamos y a qué damos importancia. Siempre, siempre, siempre hay más de un ángulo para observar un mismo hecho. Cada uno nos dará información diferente. Seamos listos y elijamos el que mejor nos haga sentir, ¿no?

EJERCICIO: Potencia el agradecimiento / la gratitud

Piensa por un momento en qué haces para fortalecer la gratitud en tu interior.

¿Eres una persona que tiende a ser agradecida y centrarse en las cosas buenas que suceden a su alrededor o, por el contrario, te quejas con frecuencia de todo aquello que se tuerce o que no sale como tu esperabas?

- Piensa en todas las personas que a lo mejor están peor que tú, ya sea a nivel de salud, de dinero, de amor... y valora lo que tienes en este momento.
- Toma conciencia de cómo son tus pensamientos. Si con bastante frecuencia tienden a ser negativos, debes arrancarlos y empezar a sembrar y cultivar otros que sean positivos y te hagan sentir bien. Al final te saldrán de manera automática y cuando escuches a alguien muy negativo incluso te llamará la atención y te hará sentir incómodo.
- Practica el *dar las gracias.* Es un gesto que no cuesta demasiado y que produce unos efectos enormemente positivos en nosotros y en los demás. Cuando alguien nos ayuda en algo, ya sea un amigo que nos hace un favor o un camarero que en el restaurante nos trae la botella de vino que le pedimos, haremos que se sienta muy bien si somos agradecidos. Aunque pensemos que es lo que tiene que hacer porque para eso le pagan (en caso del camarero) o que solo faltaría, con los favores que le hicimos nosotros (en caso del amigo), nunca deberíamos pasar por alto el detalle de agradecer. Como te digo, es muy fácil agarrar el hábito, es algo que cuesta muy poco y produce un enorme bienestar y ganas de seguir ayudando y siendo generosos con los demás.
- Abrázate cada mañana, mírate al espejo y siente todo el amor hacia ti. Sé agradecido por ser como eres, por todo lo que has conseguido, por tu cuerpo, por tus capacidades, por tener un día más para vivir, para emprender, para relacionarte, para construir, para ilusionarte, para desear, para amar... Y si sientes rechazo o te sientes incapaz de hacerlo, no esperes más y pide ayuda. Mereces ser feliz.
- Practica el agradecimiento incluso de aquellas cosas que aún no tienes pero que deseas conseguir. Siente la gratitud por ello del mismo modo que la sentirías si

ya lo hubieras conseguido. Al cultivar esas emociones empezarás a actuar de manera diferente y, sin percatarte, te irás acercando a ello.

Recuerda:

Agradece y sé feliz.
Reconócete y siéntete agradecido.
Acéptate como eres y podrás cambiar lo que desees.
Solamente a través del amor y la aceptación, podremos cambiar.

Definiendo el rumbo

Tener objetivos y propósitos

Tener unos objetivos y unos propósitos claros y definidos es completamente fundamental. Se trata de saber hacia dónde vamos, de tener una dirección establecida que nos permita a cada paso ir valorando si seguimos encontrándonos en el carril correcto o si nos estamos desviando.

Aquel que no se ha fijado de antemano un objetivo, el que no tiene un destino concreto, no puede saber si se ha salido del camino o no. No tiene un punto de referencia que lo guíe mientras avanza. Es básico, por tanto, que nos detengamos antes de avanzar en el viaje y que analicemos hacia dónde vamos para poder así definir cuál es la mejor ruta para llegar hasta allí.

Si no lo hacemos de este modo, si no tenemos claro hacia dónde vamos, tendremos la sensación de que vamos a la deriva y no hay cosa que nos genere más angustia a los seres humanos que sentirnos así.

Además, si tienes muy claro y muy presente qué es lo que quieres y hacia dónde vas, podrás identificar con facilidad las oportunidades que la vida te ponga delante. No es suerte, no son casualidades. Para mí las casualidades no existen. Siempre pasan personas interesantes a nuestro alrededor y vivimos hechos que nos permiten elegir, aprovechar la ocasión o redefinir nuestro rumbo. De nosotros depende aferrarnos a la oportunidad o no hacerle caso y dejarla pasar.

Saber hacia dónde vamos nos da seguridad. Por el contrario, no saberlo nos genera ansiedad.

¿Cómo definir nuestros objetivos y propósitos?

En primer lugar, una idea importante: siempre me acuerdo de que cuando hacía la formación de *coaching* en Barcelona, un día uno de los ponentes nos dijo: «Lo que diferencia un objetivo de un sueño es ponerle fecha».

Al escucharlo me quedé pensando y me di cuenta de lo real e importante que era esa idea. Nunca más lo olvidé. Vamos a pensar en ello unos minutos.

¿Sueños u objetivos?

Yo creo que uno precede al otro. Primero soñamos y soñar es imaginar, fantasear, dibujar en nuestra mente la película de lo que querríamos, de lo que nos encantaría que sucediera, a pesar de que a menudo ni se nos pasa por la cabeza la posibilidad de que aquello pueda llegar a materializarse. En estos casos, lo que hacemos es imaginarlo en un papel mental y luego lo doblamos y lo guardamos en un cajón, todo bien ordenadito, pero ahí dentro, en el armario de nuestras frustraciones.

Todos soñamos y sin duda todo éxito empieza con un sueño. Decía Shakespeare que «una persona que no se alimenta de sus sueños envejece pronto». Y es así, los sueños son ilusiones que nos dan vida, que nos dan energía, nos activan para que empecemos a movernos. Lo que pasa es que en función de cómo sea nuestra autoestima, lo dejaremos allí olvidado o lo agarraremos con fuerza y nos propondremos convertirlo en objetivo.

Hablamos de objetivo cuando nos mentalizamos y estamos decididos a hacer realidad aquel sueño. Para hacer esto en primer lugar necesitamos sentir en nuestro interior la certeza de que somos capaces. No hace falta que sepamos cómo vamos a llegar hasta allí, pero sí que admitamos que las capacidades para dar los pasos necesarios están en nosotros, que tenemos el potencial para conseguirlo. Si no nos sentimos así, ni lo intentaremos y todo quedará en un sueño más.

Si siento que puedo y me digo «¿por qué no?», comenzaré a buscar la manera, las estrategias o las herramientas que me acerquen a mi anhelado deseo. Tendré ganas de conseguirlo y, al creer que es posible, me voy a poner en marcha cuanto antes.

Aun así, hay muchas personas a quienes les cuesta ponerse en marcha, arrancar y llevar un ritmo constante, organizado y coherente hacia su propósito. Por ello se propone la idea de «ponerle fecha». Cuando nuestro cerebro tiene claro que queremos hacer algo y que hay una fecha límite, él mismo se organiza y planifica. Aunque al principio pueda costar más ese arranque inicial, como la orden ya fue dada, no estaremos tranquilos porque aquello estará siempre ahí, delante de nosotros como un pensamiento que nos persigue y no nos deja sentir bien hasta que lo llevemos a cabo. Se instala en nuestra cabeza ese pensamiento machacón: «¡Eh, aún no te has puesto y ya te queda una semana menos, empieza ya, a ver si no vas a tener tiempo y no lo vas a conseguir, vamos...!». Al final, por no escucharlo más y que nos deje tranquilos, pasamos a la acción, nos ponemos a ello y así es como podemos llegar a conseguirlo.

En cambio, si no tenemos una fecha, nos podemos relajar y, al no darle una orden concreta al cerebro, este no pone al cuerpo en marcha. Te aseguro que poner fecha es un detalle muy pequeño que marca una diferencia muy grande.

A la hora de establecer una fecha en la que queremos haber conseguido nuestros objetivos debemos tener claro que esta puede ser a corto, medio o largo plazo. En mi opinión, lo más recomendable es fijar unos propósitos a medio plazo. Si es un período demasiado corto, quizá no tenemos tiempo de alcanzarlo y luego nos vamos a frustrar, y si es demasiado largo puede que perdamos la motivación por el camino. Lo ideal, repito, es a medio término pero siempre mirando hacia delante.

Sentirnos motivados para conseguir aquellos propósitos es de gran importancia. Si por cualquier razón la motivación disminuye, pero continuamos queriendo llegar allí, lo que nos ayudará a seguir el camino será nuestra actitud, la disciplina y la perseverancia. Aunque cueste, siempre se trata de seguir caminando, sin detenernos. Hay personas que mentalmente son muy fuertes en ese sentido. De hecho creo que aquellos que triunfan en la vida son personas muy perseverantes y disciplinadas. Su motivación oscilará como la de todos y tendrán que atravesar momentos más complejos, pero nunca permiten que se les apague la emoción y la excitación interior que sienten cuando se visualizan con su propósito alcanzado. Ese es el motor más importante: no perder de vista el propósito, cada vez que miramos al frente debemos verlo ahí, esperándonos, jaleándonos: «Vamos, ya falta menos, ya casi me alcanzas, sigue un poquito más!». Y así siguen. De hecho, aquellos que de verdad llegan donde quieren llegar, son personas que raramente dejan de pensar en ello: lo tienen en mente en todo momento, dándole vueltas y en busca de nuevas estrategias para acortar el camino. De ese modo, al tenerlo tan presente no dejan escapar la mínima oportunidad que la vida les ponga delante.

Para acabar de comprender este punto, creo que no puedo dejar de hablarte del **Mapa del Tesoro**, una herramienta imprescindible en la que fijaremos los objetivos y propósitos que queremos conseguir durante los siguientes doce meses. Un año creo que es un período de tiempo muy acertado porque pasa relativamente rápido y nos permite hacer muchas cosas.

Puede que alguien tenga unos objetivos que no puede alcanzar en doce meses, porque antes, por ejemplo, debe estudiar una carrera o hacer otros trámites que harán que se demore. En este caso, cuando el objetivo es más a largo plazo, hemos de pensar en los pasos que debemos dar (en los objetivos más pequeños) para ir acercándonos hacia él.

Miguel es un chico que ahora tiene treinta y cinco años. Cuando lo conocí, hace unos cinco años, su gran sueño era montar un restaurante muy moderno y vanguardista en el centro de Barcelona.

Ya había hablado con el banco para que le dejaran el dinero necesario y le habían concedido el préstamo. A pesar de ello, vino a verme porque no acababa de sentirse completamente seguro. Quería ser el cocinero, para lo cual se había formado, pero también tenía que hacerse cargo de la gestión del negocio y no tenía ni idea.

De inmediato vimos que ahí radicaba el conflicto. Algo en su interior le decía que no diera aquel paso, que se esperara. Menos mal que escuchó la voz de su intuición y frenó su marcha.

A continuación, redefinimos sus objetivos y pudimos priorizar: Miguel tenía un restaurante de referencia, un modelo que quería seguir. Decidió que intentaría trabajar en él para así, desde dentro, empaparse de todo y aprender cómo funcionaba un negocio como el que él quería crear.

Pidió trabajo pero no lo consiguió: se dio cuenta de que siempre solicitaban cocineros especialistas en postres, algo que no era su punto fuerte. Buscó y buscó y finalmente encontró unos cursos muy caros pero de gran prestigio que impartía en París un repostero de renombre, que enseñaba nuevas técnicas en la realización de postres y dulces. Invirtió sus ahorros en esa formación, hizo caso a su intuición y al volver, tuvo su recompensa: volvió a solicitar un puesto en el restaurante de Barcelona y casualmente acababan de abrir un nuevo proceso de selección porque seguían sin encontrar lo que buscaban. Esta vez fue el elegido y Miguel empezó a trabajar allí. Estuvo tres años, en los que hizo todo lo posible por empaparse de todo. Lo analizaba todo, tomaba notas mentales y, poco a poco, sin darse apenas cuenta, iba comprendiendo cada vez más cómo funcionaba un negocio de ese tipo y categoría.

Vio hasta dónde podía llegar él y se dio cuenta también de cuáles eran las áreas que no dominaba y en las que no quería invertir tiempo. Empezó a seleccionar las personas adecuadas para que estuvieran al frente de cada una de esas áreas hasta que tuvo el equipo que necesitaba. Buscó el local y empezó a hacer realidad su sueño.

Habían transcurrido cinco años desde que Miguel acudió a verme la primera vez hasta que inauguró su fantástico restaurante en Barcelona. No era posible conseguirlo en un año, no hubiera sido un objetivo realista porque necesitaba adquirir unos conocimientos y una experiencia que eran imprescindibles para que pudiera tener éxito. Así, lo que hizo fue ir cumpliendo de manera progresiva pequeños objetivos para alcanzar al fin el gran propósito final.

Está demostrado que aquellos que sin tener ni idea de nada piden el dinero y montan un negocio que no tiene nada que ver con lo que han hecho hasta el momento y no se preparan antes tienen muchos números para que no les salga bien. Empiezan la casa por el tejado y eso raras veces funciona.

Por tanto, hay que ir paso a paso. Pienso que está bien tener la capacidad de mirar hacia el futuro y tener una idea lo más clara posible de qué es lo que queremos a largo plazo (dónde queremos estar, cómo, con quién, en qué condiciones, etc.), ya que ello nos ayudará a definir qué pasos queremos dar o qué objetivos debemos conseguir a medio término para sentir que nos acercamos hacia ese propósito final.

Mapa del Tesoro

Creo que fue en el año 2002, cuando escuché el término «Mapa del Tesoro» por primera vez. Estaba realizando la formación en *Rebirthing* y nos hablaban del pensamiento creativo. Nunca antes me habían hablado de ello. Nadie. Jamás. Se abrió un nuevo mundo para mí. Descubrir y comprender aquellos conceptos, me conducía a darme cuenta de lo que significa tener el control y responsabilizarnos de lo que nos ocurre. Y lo que era más importante, tomar conciencia de que podemos diseñar lo que queremos que nos ocurra, o por lo menos, podemos influir notablemente en ello. Expresiones como «Piensa en grande» o «El poder del pensamiento» empezaban a tener sentido para mí. La influencia de nuestra actitud, a partir de la calidad de nuestros pensamientos, es un aspecto determinante a la hora de conseguir nuestros objetivos.

Unos años más tarde, entró en mi buzón de correo electrónico un email de alguien que no conocía. En él estaba la transcripción del documental *El secreto*, de Rhonda Byrne. La verdad es que siempre que recibo correos de ese tipo los envío sin pestañear a la papelera, pero por algún extraño motivo esa vez no lo hice. Empecé a leerlo y no podía parar. A partir de ese día, siento que mi vida comenzó a cambiar. Desperté. Empecé a comprender todo lo que había estado aprendiendo en mis formaciones anteriores, pero desde un lugar más profundo. Desde una comprensión mayor.

Y, aun así, debo añadir que en mi opinión *El secreto* tiene muchísimas carencias y vende un producto de una manera que no acaba de ser del todo real. Le falta información. Ese «piense y se le dará» se comprende, pero también hay que entender que no es magia ni ningún milagro o confabulación del universo. Se trata de acciones, de trabajar, de fijarse objetivos y ponerse en marcha hacia esa dirección. Haciendo eso, si después de haber definido (*pedido*) das los pasos necesarios, es muy probable que lo consigas (*se te dé)*, pero si te sientas en el sofá de tu comedor y le vas pidiendo al *universo*, por mucho que visualices, si no mueves ni un pie, dudo mucho que consigas nada.

El Mapa del Tesoro es una herramienta genial para empezar este proceso que nos llevará a conseguir todo aquello que nos proponemos.

Para realizarlo, hay que tener en cuenta diferentes pasos imprescindibles que deben darse en el siguiente orden:

1. Tengo que definir qué es lo que quiero conseguir. Fijar unos objetivos claros, concisos y precisos. Cuanto más detallados mejor, cuanto más claro tenga lo que deseo, mejor. Es como si hiciera la lista de la compra, puedo pedir lo que quiera, no hay límites. Y es muy importante pedirlo siempre en positivo. Es decir, no centrarte en «Quiero dejar de tener ansiedad» porque en ese caso tu cerebro se centra en la palabra «ansiedad» y eso es lo que va a crear. Lo correcto sería centrarte en «Me siento cada día más tranquila y relajada».

Una vez definida mi *lista de propósitos*, voy a comprar una cartulina de tamaño grande y voy a recortar imágenes, palabras, frases que encuentre en revistas o en internet y que representen los objetivos que escribí en mi lista.

Por ejemplo, si deseo durante los siguientes doce meses viajar a Londres, puedo ir a buscar un folleto en una agencia de viajes, en el que salgan imágenes de la ciudad. O puedo imprimir una imagen de internet que me recuerde a la ciudad. Si me gusta una foto en la que sale el típico autobús rojo circulando por las calles, puedo recortarla. O una imagen de un avión que simbolice para mí un viaje a otra parte de nuestro planeta.

Si otro de mis objetivos es hacer un nuevo grupo de amigos con los que tenga cosas en común y con los que me sienta muy a gusto y podamos compartir actividades, a lo mejor me gustará recortar una imagen de un grupo de personas alrededor de una mesa que están riéndose y brindando con unas cervezas. O si quiero conseguir una pareja con determinadas cualidades (que antes debo concretar) puedo recortar una imagen de una pareja que va caminando por la playa tomada de la mano. También puedo recortar o imprimir palabras, expresiones que simbolicen mis objetivos: «paz interior», «felicidad», «me siento cada día mejor», «agradezco», «soy capaz»...

Así, vamos creando nuestro Mapa del Tesoro. Como puedes imaginar, es un trabajo totalmente creativo y muy personal, cada uno lo hace a su manera y le pone su toque. Todo el mundo se divierte muchísimo confeccionándolo y más aún cuando ven que sus objetivos pronto empiezan a tomar forma y materializarse. Está claro que conseguir lo que te propones es la mayor recompensa.

Una vez recopilado todo el material, se trata de pegarlo en la cartulina, completándolo con frases y palabras que podemos escribir con rotuladores y diferentes colores.

2. Cuando ya haya hecho el mapa, el siguiente paso es cerrar los ojos e imaginar que ya lo conseguí. ¿Cómo me siento? Es importante conectar con las emociones que se generan en nuestro interior al vernos con aquello que tanto deseábamos. Éxito, excitación, emoción, ilusión, alegría... ¿qué sientes? Conecta con esas emociones y siéntelas de manera consciente, respíralas, empápate de ellas. Ahora ya sabes que si te ves consiguiendo aquello que tanto deseas y sientes esas emociones en tu interior, tu actitud cambiará y te enfocarás en la dirección adecuada para conseguir tu propósito. En consecuencia, darás los pasos necesarios para ir acercándote hacia donde quieres ir.

No es necesario que cada día hagas el ejercicio de visualizarte delante del Mapa con aquellos objetivos conseguidos, pero si lo colocas en un punto visible, aunque no le pongas conciencia al cien por cien, tus ojos lo ven y tu cerebro lo procesa. Y esto implica que tu cuerpo se va a activar hacia esa dirección.

Es un trabajo totalmente recomendable y efectivo, te lo aseguro. Podría escribir otro libro con mi experiencia con los mapas del tesoro y doy fe que he conseguido absolutamente todo lo que me he propuesto. Al fin y al cabo, no podría «vender» algo si yo misma no puedo dar ejemplo de ello...

¡Anímate y ponte a hacer tu Mapa del Tesoro YA!

3. Acción. Una vez hecho el mapa, debes ponerte en marcha y dar esos pasos de los que hablamos. Tal como te decía, no se trata de pensar algo que deseamos mucho y esperar a que ello venga a nosotros. Tampo-

co es que el Mapa del Tesoro tenga propiedades mágicas ni poderes sobrenaturales que van a hacer realidad aquello que deseamos fervientemente sin más. No, las cosas no funcionan así. Jamás he creído en los milagros y, como te decía, puedo asegurar que me han pasado cosas y he visto que les pasaban a muchas otras personas, que podrían parecer casi milagrosas, pero siempre suceden porque uno ha hecho un trabajo previo, ya sea consciente o inconscientemente.

Hay que hacer algo para conseguirlo. Lo que ocurre es que al saber y tener claro lo que queremos y al sentir que es posible conseguirlo, aunque inicialmente no sepamos cómo, tenemos un nivel de apertura y conciencia mayor al habitual y ello facilita que veamos las oportunidades que van pasando ante de nuestros ojos.

Siempre hay oportunidades, pero no siempre las vemos. Si nuestra actitud es derrotista como consecuencia de sentirnos abatidos, frustrados o incapaces de llegar allí donde tanto nos gustaría, está claro que no vamos a ver ninguna oportunidad, por clara que sea. En cambio, si partimos de una actitud adecuada y positiva, detectaremos las posibilidades que nos acercarán a nuestro destino. Si después de verlas somos agradecidos con ellas y nos sentimos dichosos, eso hará que se reproduzcan.

En numerosas ocasiones, después del éxito de mi libro *Cuando amar demasiado es depender*, ha habido gente que me ha comentado: «¡Qué suerte tienes, encontraste un filón con ese tema de la dependencia emocional!». Con sinceridad te diré que cada vez que alguien se me acerca y pronuncia esas palabras, mi sangre entra en ebullición.

No te imaginas lo que siento. Pienso: «¿Perdona? ¿Dijiste suerte?» y luego me digo a mí misma: «Sí, Silvia, escuchaste perfectamente; no te alteres». Pero no lo puedo evitar: me altera y mucho, sobre todo porque pienso que no entienden nada de cómo funciona esto.

Jamás he creído en la suerte. Y si bien es cierto que existen las probabilidades, no tengo la más mínima duda de que nosotros tenemos la capacidad de influir en ellas y aumentarlas.

¿Fue cuestión de suerte que sufriera lo que no está escrito en una relación con dependencia emocional? En su momento, te puedo asegurar que no lo veía así para nada. Dudo que nadie que lo haya vivido lo considere una suerte. Pero resultó que yo había estudiado nada más y nada menos que la carrera de Psicología. ¿Fue suerte que yo tuviera esa carrera y no otra? Tampoco lo veo así. Yo creo más bien que la estudié porque no me sentía bien conmigo misma, no tenía una buena autoestima, me costaba ser feliz y quería comprenderme. De hecho, muchos psicólogos coinciden en que han decidido estudiar esta carrera para lograr comprenderse y «arreglarse» a sí mismos. Pues bien, ¿fue casualidad que yo en la adolescencia no me sintiera feliz? Tampoco lo creo, somos muchísimos los que no nos sentimos bien en la adolescencia... y de aquí podríamos ir tirando del hilo hacia el pasado.

A mí me atraían mucho los idiomas y me encanta viajar. Me planteé estudiar algo relacionado con el turismo, pero resultó que en el bachillerato tuve una profesora de filosofía, Lluïsa, a quien siempre recordaré. Era de esos profesores que te hacen amar la asignatura que te enseñan, me fascinaba todo lo que nos explicaba. El día que nos habló de Freud algo se encendió en mi interior. Me acuerdo que en un principio incluso me planteaba ser psicoanalista y por eso decidí empezar estudiando Psicología. Después vi que el psicoanálisis no encajaba con mi manera de ser, de funcionar o de entender el proceso terapéutico, pero yo ya estaba en el camino correcto.

En fin, han pasado muchas cosas en mi vida pero yo podía haber decidido no estudiar, o estudiar otra cosa, con lo cual nunca habría llegado hasta aquí. Y podía haber salido de la dependencia emocional a trompicones y dedicarme a otra cosa, tal como me estuve planteando durante un tiempo, porque estaba muy desencantada de la psicología. Pero seguí formándome para aprender nuevas herramientas que me aportaran algo de valor. Me esforcé, trabajaba durante la semana y los fines de semana me iba a hacer cursos, talleres, estancias para las que tenía que invertir mucho dinero. Pero algo en mí me decía que siguiera. Me gustaba todo aquello que aprendía y en el fondo pensaba que algún día lo podría utilizar. He escuchado siempre mi intuición y me he dejado guiar por mis ganas de avanzar, de crecer, de mejorar y de ayudar.

Y todas estas vivencias y experiencias son las que me han llevado hasta esta mesa de mi despacho, sobre la que está recostado mi incansable, querido y fiel MacBook con el que estoy escribiendo este libro.

¿Fue la suerte lo que me ha traído hasta aquí? Lo siento, pero no. Fui yo misma, con mis lágrimas, mi esfuerzo constante y mis sueños convertidos en objetivos la que me ha traído hasta este aquí y ahora. Y esto es lo que les sucede a todos los que desean algo y acaban llegando hasta su objetivo. No hay otro camino. La pereza, el cansancio u olvidarnos de los motivos por lo que deberíamos esforzarnos siempre nos conducirán a transformarnos en víctimas de nuestras propias circunstancias. La elección está en nuestras manos.

Avanzando en el camino

Pasar a la acción. Responsabilizarnos

Ya tomamos conciencia de nuestro niño interior. Ese niño que fuimos un día y que vivió unas circunstancias determinadas, a partir de las cuales se construyó el adulto que somos hoy. Somos conscientes de él y de la importancia de aceptarlo como es, sin juzgarlo, criticarlo o menospreciarlo por ser así. Comprendimos que solamente a través de la aceptación total vamos a conseguir mejorar en él todo aquello que sea necesario para lograr un mayor bienestar en nosotros.

También definimos nuestros propósitos, aquellos objetivos que deseamos conseguir de ahora en adelante. Sabemos lo que queremos y sentimos que es posible alcanzarlo. Hicimos nuestro Mapa del Tesoro y está todo plasmado en él.

Y, ahora como ya has visto, el siguiente paso importantísimo es responsabilizarnos. Se trata de darnos cuenta de que cambiar eso no depende de los demás, ni de las circunstancias, ni mucho menos es cuestión de suerte (como piensan muchos). Nosotros somos los máximos y únicos responsables de pasar a la acción y hacer algo para que nuestra autoestima mejore, para sentirnos mejor con nosotros mismos y vernos mejor por ser como somos. De nosotros depende únicamente, dejar de compararnos con los demás, dejar de infravalorarnos o de quitarle mérito a nuestros logros (por pequeños que sean). Está en nuestras manos cambiar nuestra manera de tratarnos y empezar a reconocernos, a sentirnos dichosos y a darnos las gracias por ser así.

No se trata de criticarnos para que así cambiemos, sino de mejorar y realizar un cambio si es necesario, a través de la comprensión y la aceptación de lo que hay.

Quiero insistir una vez más en que hay muchas personas que quedan ancladas en una actitud de víctima. La actitud de «Las cosas me pasan, no dependen de mí, tengo mala suerte, qué le vamos a hacer...».

Me niego rotundamente a aceptar esa actitud limitante y castradora, que nos inhabilita y nos impide mejorar, crecer, tomar el control, pasar a la acción, avanzar, mejorar y construir.

Se trata de una actitud cómoda pero extremadamente tóxica y que va en contra de nuestra naturaleza. Por eso cuando adoptamos el papel de víctimas nos sentimos mal a nivel emocional y empezamos a generar síntomas negativos a nivel físico. Por un lado, nos sentimos deprimidos, negativos, derrotados y faltos de ilusiones y de empuje. Por otro lado, acostumbramos a ser personas permanentemente cansadas, con dolores físicos, a las que todo nos pesa y nos parece grande.

La víctima, como ya dijimos, mira hacia el suelo, lleva la espalda encorvada y, con las manos en los bolsillos, se repite a sí misma lo desgraciada que es. Y si hablas con ella es probable que con sus estudiados argumentos incluso llegue a convencerte y que acabes pensando «¡Uf! Pues sí que ha tenido mala suerte, sí...». Sus argumentos son lógicos y comprensibles, pero no debemos dejar que nos convenzan. NO. Siempre podemos levantarnos, desplazarnos unos pasos hacia el otro lado, volver a sentarnos y de nuevo observar qué es lo que tenemos frente a nuestros ojos. Si cambiamos la perspectiva desde la que analizamos la realidad, la veremos de otro modo, con otros detalles que se nos habían escapado y con ello tendremos nuevas opciones y posibilidades para hacer cambios y mejorar la situación. Siempre se puede hacer algo para cambiar, pero es imprescindible que cultivemos una semilla de esperanza en nuestro interior, una en la que encontraremos el mínimo empuje necesario para abrir nuestra mente y dar un primer paso.

A las personas positivas también les pasan cosas malas, también tienen problemas. La diferencia entre ellas y las víctimas está en la manera de interpretar aquello que les pasa y en qué hacen a partir de esa interpretación.

Para pasar a la acción, antes que nada debe haber una **confianza en que el cambio es posible**. Quien da por sentado que «las cosas son así y punto» no hará el más mínimo movimiento para cambiar nada porque tiene claro que el cambio no es posible.

Es imprescindible que seamos conscientes de que siempre se puede hacer algo para mejorar nuestra autoestima. Y doy por sentado que si estás leyendo este libro es porque así lo crees y, por ello, eres de los que van a mejorarla.

El cambio del que te estoy hablando se aloja de base en nuestro cerebro, más concretamente en nuestro sistema de creencias.

¿Te atreves a ser un auténtico héroe? Te aseguro que las ventajas que vas a experimentar son completamente diferentes. Y debes tener en cuenta que con eso de «héroe» no me refiero a que tengas superpoderes y vayas a conseguir cosas humanamente imposibles. Nada de eso. Es básico tocar con los pies en el suelo y pensar en nuestras posibilidades reales, pero nunca debes desmerecer tu potencial y tu capacidad para llegar donde desees realmente.

Si actúas como un héroe, es decir, como lo que eres, vas a saborear la vida de verdad. Se trata de asumir tu responsabilidad, de reflexionar acerca de qué puedes haber hecho tú para que esto sucediera y, tanto si tienes algo que ver con ello como si no, plantearte qué puedes hacer ahora que ya sucedió para cambiarlo.

Se trata de que seas un tigre y no la oveja que sigue al rebaño con la cabeza gacha, las manos en los bolsillos y los hombros encogidos preguntándose por qué es tan desgraciada. ¡No te permitas caer en ese estado ni permanecer en el más tiempo! Sal de inmediato y empieza a caminar hacia tu nuevo destino. Ponte en marcha, sé positivo, refuerza tus cualidades y, agarrándolas fuerte, sigue adelante. Ya has definido de manera muy concreta tus próximos objetivos y ahora toca ponerte en marcha para conseguirlos.

Los héroes no se quejan, cuando algo no les gusta se enfrentan a ello y hacen todo cuanto pueden para modificarlo. No paran hasta que se sienten mejor.

Observa con apertura, humildad y detenimiento el punto del que partes y focalízate solamente hacia la dirección de tus objetivos. Debes decir: «Si, es cierto, hago esto o pienso así o tengo estos miedos...Tengo esta imagen de mí mismo aunque a veces me cuesta admitirlo, aunque aceptarlo me haga sentir vulnerable... Es así... Pero ahora sé que mi potencial es enorme (igual que el de los demás) y que puedo empezar a moverme hacia lo que realmente deseo. Desde este preciso instante, me pongo en marcha».

¿Qué esperas, pues, para convertirte en un héroe? Empieza a hacerte las preguntas necesarias para comenzar a generar cambios en tu vida:

- ¿Qué es lo que no me gusta de mi vida?
- De todo esto, ¿qué depende de mí? ¿Qué puedo hacer yo para cambiarlo?
- Lo que no depende de mí, ¿lo acepto? ¿Sigo adelante teniendo claro lo que de verdad no puedo cambiar y centrándome, por tanto, en otras cosas?
- ¿Me enfrento a todo lo que depende de mí? ¿Hago lo necesario para generar los cambios que deseo? ¿Doy pasos hacia delante moviéndome hacia la dirección que quiero?
- ¿Actúo como un tigre, enfrentándome a mis miedos y teniendo claro que puedo alcanzar mis deseos?

Una vez analizado esto seguramente te estarás preguntando:

¿Cómo pasar a la acción? ¿Cómo dar esos primeros pasos cuando estamos bloqueados, atascados o simplemente no nos sentimos capaces porque la situación nos paraliza?

Para encontrar la respuesta a estas preguntas y ponernos en marcha hacia los cambios que deseamos, es importante comprender la teoría del PEC.

Teoría del PEC y la importancia del pensamiento positivo

> «El hombre que sufre antes de que sea necesario, sufre más de lo necesario».
>
> Séneca

Para mí, comprender lo que yo llamo la teoría del PEC es la base y la clave imprescindible de todo cambio. Cuando comprendemos lo que significa y la implicación que tiene en nosotros es cuando nos damos cuenta de que tenemos el poder de generar los cambios que deseemos en nosotros. Tenemos el poder porque tenemos la herramienta que nos lleva a crear ese cambio.

La teoría del PEC es la llave maestra que nos abre la puerta hacia el éxito.

¿Qué significa PEC?

Pensamiento - Emoción - Conducta

Vamos a ver cómo funcionamos los seres humanos. Sabemos que somos muy complejos pero, en definitiva, de todos los órganos que forman nuestro cuerpo, debemos centrarnos principalmente en el más importante de ellos: el cerebro. Podemos ver el cerebro como si fuera el disco duro de la computadora que nos hace funcionar a cada uno de nosotros. A partir de los programas que vayamos instalando en él, nos sentiremos, actuaremos y nos comportaremos de una manera u otra.

El cerebro da las órdenes a través de los pensamientos. Él habla con el cuerpo, le envía mensajes positivos y negativos. Cada mensaje que el cerebro lanza activa en nuestro interior unas emociones determinadas que siempre estarán en sintonía con dicho mensaje. Es decir, si mi cerebro me dice (a través del pensamiento) «Yo no soy capaz de hacer esto», en mi cuerpo se van a activar emociones de inseguridad, de miedo, de desconfianza hacia mí misma, me sentiré mal, ansiosa ante la idea de tener que hacerlo, ante la imagen del fracaso y sus consecuencias y, al final, eso tendrá una clara repercusión en mi conducta. ¿Cómo crees que va a actuar una persona que quiere hacer algo, pero sus pensamientos le dicen que no es capaz, que no está preparada para hacerlo y empieza a sentir inseguridad, miedo y desconfianza?

Claro está que estamos hablando del habitual caso de la persona que simplemente no lo hace, lo hace a medias o directamente lo hace mal, con lo cual después podrá decirse a sí misma «Ves... claro, no estoy a la altura para hacer esto, ya decía yo que no soy capaz... aquí lo tienes...». Evidentemente puede que a veces queramos hacer cosas para las que no estamos preparados aún, pero puedo asegurarte que en el 90 por ciento de casos no se trata de eso, sino de todo lo contrario: normalmente las situaciones ante las que nos paralizamos o que no afrontamos con la fuerza y las ganas necesarias son aquellas en las que nuestro cerebro nos bloquea a través de sus mensajes negativos y limitantes.

Si reflexionamos sobre ello somos conscientes de que es obvio que si nos decimos a nosotros mismos «No soy capaz», no cabe la posibilidad de que ese pensamiento genere emociones de seguridad y ganas de enfrentarnos a ello, sino un pensamiento negativo y castrante. Este tipo de pensamientos activa en nosotros emociones negativas de inseguridad y malestar que harán que nuestro cuerpo se bloquee, se hunda, se paralice y, en definitiva, que no haga lo que querríamos hacer en realidad.

Si comprendemos esto y la relación que hay entre lo que pensamos, lo que sentimos y cómo nos comportamos, entendemos que el poder de generar cambios está en cada uno.

¿Te das cuenta de la magnitud de esta idea? ¿Ves la importancia y la repercusión que tiene en nosotros comprender la teoría del PEC?

Para mí, esto es algo completamente asombroso y revelador. Es la clave, la respuesta, el remedio y la herramienta magistral.

Vamos a compararnos por un momento con una máquina cualquiera que de repente se estropea y deja de funcionar correctamente, por lo que no produce los resultados que se supone que debería producir.

Supongo que estarás de acuerdo en que si queremos reparar la máquina, para saber qué es lo que está fallando o lo que no va bien, lo primero que tendremos que hacer es comprender cómo funciona. ¿Por qué avisamos a un técnico concreto? Porque tiene conocimientos específicos y profundos sobre esa máquina en cuestión. La conoce, sabe cómo debe estar programada funcionar sin problemas y, asimismo, detectar cualquier posible fallo. Una vez detectado este, es cuando puede corregirlo o repararlo. Hecho esto, la máquina vuelve a funcionar de manera correcta y los resultados vuelven a ser satisfactorios.

Con nosotros sucede exactamente lo mismo. Tenemos un potencial enorme y podemos generar cambios en nuestra vida siempre que lo deseemos. Cuando lo anhelamos pero nos vamos frustrando porque nada cambia, es que hay algo que no funciona. Si vemos que no alcanzamos este cambio porque no conseguimos ponernos en marcha o porque tropezamos siempre con la misma piedra o porque perdemos la motivación a medio camino ante las primeras dificultades que surgen, es imprescindible que comprendamos qué sucede en nuestro programa y dónde está el error.

Comprender la teoría del PEC es el equivalente de tener los conocimientos adecuados de esa máquina que había dejado de funcionar. Sabemos qué es lo que pasa cuando todo va bien y podemos detectar qué falla cuando el resultado deja de ser el que tendría que ser. En el caso de los seres humanos, la raíz del problema, el fallo de base, siempre está en aquello que pensamos.

Pero a pesar de ser muy claro cuando lo analizamos así, en un plano teórico, al llevarlo a la práctica de nuestro día a día no es tan sencillo de detectar. El problema viene porque no somos conscientes de la mayoría de nuestros pensamientos. Hay que tener en cuenta que las personas estamos pensando la mayor parte del tiempo, ya sea con el habitual diálogo interior a través del cual tenemos dilatadas conversaciones con nosotros mismos o ya sea a través de la imaginación proyectando imágenes de aquello que querríamos que sucediera o lo que tememos que suceda, cual película de Hollywood, o bien todo aquello que ocurre en nuestra mente mientras soñamos. Todo ello son pensamientos que aunque sean inconscientes, aunque ni siquiera nos demos cuenta de lo que estamos pensando, producen inevitablemente una serie de emociones que están sintonizadas con ellos, como por ejemplo:

- Si estoy pensando en las consecuencias negativas que puede tener un cambio que quiero hacer en la empresa e imagino todo lo negativo que puede pasar, anticipando la peor de las desgracias en mi mente, voy a empezar a sentir emociones de ansiedad, de malestar y de inseguridad. La situación no ha ocurrido, e incluso puede que nunca llegue a ocurrir, pero, yo estoy sintiendo esas emociones dentro de mí.
- Si estoy pensando en un episodio que tuvo lugar el día anterior con mi jefe y me visualizo a mí misma diciéndole todo lo que le tendría que haber dicho y no dije, voy activando en mi interior emociones de rabia y malestar producidas por la impotencia de la situación y las injusticias que cometió mi jefe. El diálogo no está sucediendo en este momento, pero yo estoy sintiendo esas emociones tóxicas y negativas en mi interior.
- Si estoy soñando que llego a mi casa y encuentro unos ladrones que quieren agredirme, voy a sentir miedo, pánico, angustia o terror. Esa situación no forma parte de mi realidad, pero aunque lo esté soñando, yo siento esas emociones dentro de mí, las emociones son reales.

Con estos ejemplos, lo que quiero ilustrar es que a menudo no nos damos cuenta de lo que estamos pensando, pero sí que podemos tomar conciencia de qué es lo que estamos sintiendo. «¿Me siento bien?», «¿Me siento angustiado?», «¿Me siento relajado y tranquilo?», «¿Me siento nervioso?», «¿Siento miedo?», «¿Me siento inseguro?»...

Sea lo que sea, aquello que siento está producido por los pensamientos que tengo en mi cabeza. Por tanto, si lo que siento es negativo y me está haciendo sentir mal, es porque hay pensamientos negativos e inapropiados que deberé aprender a cambiar (ya que está claro que mi principal objetivo y finalidad siempre debería ser la de sentirme bien).

Y como podrás imaginarte, al sentirnos angustiados, con miedo, inseguridad... dejaremos pasar oportunidades importantes por no sentirnos a la altura de las mismas, ni siquiera seremos capaces de intentar lograr algunos retos con los que siempre habíamos soñado. En definitiva, sufriremos todas las consecuencias negativas que comentaba al principio, a raíz de no tener una buena autoestima.

Entonces, ¿qué hay que hacer? Está claro que hay que ir directo al núcleo, al origen, a la raíz del problema. Debo poner luz a los pensamientos que están creando todo ese malestar y que están haciendo que yo me sienta mal y al final no me comporte de la manera adecuada para conseguir mis objetivos. Si me siento mal y actúo mal, eso me llevará a reforzar una vez más la idea de que no soy suficiente, de que no puedo y esa creencia se asentará con más intensidad dentro de mi cabeza. Y si resulta que llevo años actuando así y demostrándome que no estoy a la altura, eso será más difícil de erradicar porque lo voy a sentir en mi interior como una verdad absoluta, como algo incuestionable, que es así y punto. Desde la razón, probablemente me daré cuenta de que no tiene demasiado sentido, pero no podré evitar sentirlo así.

Con esta información, espero que ya seas plenamente consciente de la importancia de aquello que pensamos y cómo afecta al resto de nuestra vida. Vemos que nuestro cerebro puede ser nuestro mejor amigo si lo alimentamos con pensamientos positivos y saludables, pero que también puede volverse nuestro peor enemigo si le permitimos generar pensamientos negativos, absurdos y castrantes para nosotros.

La calidad de este «alimento» para la mente depende únicamente de nosotros. Aunque las circunstancias externas nos influyan, podemos ir mucho más allá de esta influencia, asumiendo el control que podemos tener sobre los pensamientos.

Si no comprendemos ni reconocemos la **absoluta importancia del pensamiento positivo**, nos faltará fácilmente la motivación necesaria para realizar el cambio que deseemos en nosotros y nos costará mucho más encontrar las herramientas que cada uno tenemos para llevar a cabo esos cambios.

Tu mente es como el viento, invisible, no puedes verla pero puedes percibir sus potenciadores o devastadores efectos.

Por tanto, hay que tener claros los siguientes puntos:

- **La importancia de ser positivo**
  Pensar positivamente crea una actitud abierta a encontrar soluciones, a no huir de la realidad. Ser positivo significa encontrar siempre la mejor manera de responder delante de cada situación en la vida. Los pensamientos positivos son los que nos permiten adquirir la fuerza interior y nos capacitan para ser constructivos. Pensar positivamente significa ver los problemas y reconocer su realidad, pero al mismo tiempo ser capaces de encontrar soluciones sin obsesionarnos por ellas.
- **Creas aquello que piensas**
  Para mejorar la calidad de tus pensamientos, será necesario que seas consciente de ellos y del efecto que tienen en ti, y deberás reconocer que eres su creador (tanto de los pensamientos positivos como de los negativos o absurdos). Si comprendes esta idea y su enorme importancia, podrás sentar las bases de un verdadero cambio positivo en tu vida. Te fijarás más en cómo piensas y, con ello, serás más consciente de los pensamientos positivos y negativos que utilizas.
- **Ciclo negativo**
  Cuando hayas reconocido esos aspectos negativos de tu pensamiento y, en consecuencia, de tu manera de funcionar, debes construir la firme determinación de transformar esta parte más oscura de tu ser.

Los pensamientos negativos están basados en la ira, el miedo, los celos... y no tienen en cuenta los valores y las cualidades internas de la persona. Si tus pensamientos son de ese tipo es como si estuvieras intoxicando tu propia mente y, a través de ella, tu entorno más próximo. **La persona negativa crea desarmonía en su entorno.**

Los pensamientos negativos nos hacen perder energía y nos debilitan. Son una contaminación interna que es necesario limpiar cuanto antes, para que la mente sea una herramienta de lo más eficiente.

Es cierto que mucha de la información que recibimos de nuestro entorno son noticias negativas y esto le afecta directamente a nuestro pensamiento volviéndolo más negativo, aunque también hay otras causas que dificultan el crecimiento del pensamiento positivo:

- Dudar de uno mismo.
- No tener objetivos claros.
- Dejar que las críticas ajenas nos afecten.
- No reconocer nuestros propios talentos y cualidades.
- Falta de confianza en uno mismo.
- Elegir sentirse frustrado, irritado, triste de manera habitual (ya sea consciente o inconscientemente).
- Mantenerse aferrado al pasado.
- Rodearnos de personas negativas y tóxicas.
- Compararnos con los demás.
- No ser flexible ni tolerante con respecto a las circunstancias y los demás.

Este conjunto de influencias negativas nos puede llevar a:

- Perder la autoestima.
- Disminuir la capacidad de elegir en libertad.
- Crear dependencia.
- Alimentar emociones negativas de modo habitual y normalizado.

- Proyectar sobre los demás nuestras propias carencias y debilidades.
- No comunicarnos de una manera sana con los demás.
- Tener síntomas como ansiedad o insomnio.

○ **Relaciones sanas** Los pensamientos positivos nos dan fuerza interior, nos hacen sentir bien y así nuestras expectativas hacia los demás disminuyen, consiguiendo así que las relaciones sean más fáciles y fluidas. Este es el mejor método para crear relaciones duraderas y armoniosas, ya que cuando interiormente nos sentimos bien nos es más sencillo aceptar a los demás tal como son sin querer cambiarlos ni pedirles que sigan como nos gustaría que fueran. **Si elegimos una actitud positiva, podremos permanecer tranquilos cuando nos enfrentemos a determinadas dificultades y, así, podremos encontrar la solución correcta sin quedar atrapados en la dificultad.**

○ **El poder de elegir** Todos podemos elegir cómo responder delante de cada situación. Aquí reside nuestra libertad. Podremos gobernarnos a nosotros mismos y sentirnos internamente libres si:

- Fortalecemos y mantenemos presentes en nuestra mente aspectos positivos como el amor, la paz y la sabiduría, y no permitimos que las influencias negativas del exterior entren y nos alteren.
- Aceptamos que cada uno es como es y desempeña su propio papel.
- Aceptamos las situaciones que suceden y las atravesamos o transformamos con una actitud positiva.
- Dedicamos tiempo a la experiencia del silencio para entrar en contacto con nosotros mismos y con nuestro estado interior.

A continuación, tienes este cuadro con algunas ideas importantes que nos llevaran a pensar en positivo y, por ende, a tener una actitud positiva en la vida:

Para pensar de manera más positiva:

- **Deja fluir tu pensamiento**: Toma distancia y sé capaz de decir «Me doy cuenta de qué pensamientos e imágenes tengo en mi mente, pero no me dejo influir por ellos. Simplemente los observo y permito que fluyan. Los dejo ir».
- **Clasifícalos**: Una vez que consigas observarlos desde una cierta distancia, fíjate de qué tipo son: no necesarios, negativos o positivos.
- **Olvida los innecesarios**: En el caso de que tus pensamientos estén relacionados con problemas reales, reflexiona sobre qué puedes hacer para solucionarlos, pero si son creados por temas que están fuera de tu alcance y que no dependen de ti, son pensamientos innecesarios y debes eliminarlos. Yo a esto lo llamo «anticipación de catástrofes». La mayoría no suceden nunca a pesar de que ya hemos estado sufriendo un largo tiempo.
- **No te encierres en tu pasado**: Muchos de estos pensamientos innecesarios a menudo están relacionados con tu pasado. El rencor es un sentimiento muy negativo. Perdonar los errores de los demás y los de uno mismo será una experiencia muy liberadora.
- **Transforma los pensamientos negativos**: Ahora ya sabes que si tienes pensamientos negativos, imaginas las consecuencias negativas de estos y al final las atraes. Si haces lo contrario, vas a atraer positividad y éxito.
- **Recuerda tu valor**: Algunas creencias te ayudarán a reforzar tu parte más positiva. Céntrate y refuerza esas cualidades que tienes en tu interior y que a veces olvidas.
- **Sonríe más**: Sonríe siempre que sientas un motivo para hacerlo, por insignificante que parezca. In-

cluso intenta sonreír también cuando no tengas ganas. Al hacerlo, estarás favoreciendo que tus emociones empiecen a cambiar y sean más placenteras y alineadas con la acción de sonreír.

- **Haz actividades que te gusten**: Disfruta del placer de hacer aquello que te gusta, que te hace sentir vivo, que te hace vibrar. Aquello que te permite desconectar y hace que el tiempo te pase volando. Ahí estás conectado contigo mismo, ahí estás fluyendo y ahí eres auténticamente feliz.

EL OBJETIVO NO ES DEJAR DE PENSAR, SINO CONTROLAR LA CALIDAD Y LA DIRECCIÓN DE TUS PENSAMIENTOS.

Y una vez que hemos comprendido este punto, hay que plantearse ¿qué significa, en definitiva, «**pasar a la acción**»?

Pasar a la acción es:

- **Responsabilizarnos**: Se trata de hacernos responsables de aquello que no nos gusta o no encaja con lo que nosotros deseamos. Ver qué puede hacer uno para generar un cambio y que la situación se convierta en lo que de verdad deseamos. Tomar el control de nuestra vida dejando de sentirnos y comportarnos como simples marionetas cuyos hilos mueven los demás.
- **Tomar decisiones**: Decidir que no nos conformamos con aquello que no nos hace sentir bien y buscar la manera de cambiarlo. Elegir el camino adecuado.
- **Pedir ayuda si es necesario**: Si vemos que llevamos mucho tiempo así y que nos faltan herramientas, respuestas o seguridad, si vemos que nuestras estrategias de mejora no han dado resultado y seguimos volviendo siempre al mismo punto de partida, hay que hacer

algo diferente. Si solos no lo conseguimos, debemos pedir ayuda a un especialista (ya sea un psicólogo, un terapeuta o un *coach*). No hace falta demorarlo más o hacer más intentos para demostrarnos a nosotros mismos que podemos conseguirlo. Si llevamos mil intentos y el resultado es siempre el mismo, hay que cambiar de estrategia. Pedir ayuda para aprender cosas nuevas es una opción de lo más inteligente.

- **Cambiar nuestra manera de pensar**: Como ya vimos, al final nuestra autoestima es la que es a partir de nuestra manera de pensar y de los mensajes con los que nos nutrimos, y lo que sucede en nuestra vida también acaba siendo una consecuencia de aquello que inicialmente pensamos, el modo de enfocar la vida y la actitud con la que nos adentramos en ella. Como dijo el inspirador escritor filosófico británico James Allen en 1903: «La calidad de tu vida nunca excederá la calidad de tus pensamientos. Cambia tus pensamientos y cambiará tu vida».
- **Empezar a dar pequeños pasos que nos llevarán directos a crear cambios**: Sea cuales sean nuestros miedos o nuestras inseguridades, en el momento que entendemos cómo funcionamos, por qué y cómo estamos generando estos miedos, debemos empezar a dar pasitos hacia delante.

Pasar a la acción es también determinante en nuestro proceso para fortalecer la autoestima. Nos aportará energía, vitalidad y muchísimas ganas de seguir por este camino.

Aquellos que no logran atravesar este punto y acostumbran a quedarse atascados justo aquí, probablemente han de vencer uno de los siguientes agentes boicoteadores:

1. La pereza. No poner el esfuerzo necesario. Para ello, como ya mencionamos, deberemos poner muchísimo énfasis en los motivos que nos empujaron hasta aquí,

aquello por lo que en un momento dado decidimos que queríamos dar este paso. Cuando tenemos unos motivos importantes para nosotros y claros, estos nos empujan y no habrá quien nos detenga. Pero si los olvidamos, es como si se nos acabara la gasolina y cada vez vamos reduciendo la velocidad hasta que nos acabamos deteniendo por completo.

2. El impulso de evitar el malestar. Vivir conscientemente nos llevará a confrontarnos con nuestros miedos y a entrar en contacto con heridas no curadas. Pasar a la acción implica que algunas veces tendremos que decir «no», otras tendremos que mostrar nuestro enfado ante determinadas conductas de otros que consideremos irrespetuosas. Habrá que aprender a poner límites y defenderlos en todo momento, sin dejar que nadie los atraviese.

Lo importante es que tengamos claro que igual lo pasaremos mal con alguna situación determinada porque estábamos acostumbrados a evitarla (por molesta) y ahora tendremos que enfrentarnos a ella, pero te aseguro que la recompensa vale tanto la pena que todo el mundo que lo consigue muestra su malestar por no haberlo hecho antes. Todo llega en su debido momento.

Y para aquellos que sientan que necesitan más apoyo para llevar a cabo estos pasos y conseguir una autoestima automática, deben pedir ayuda profesional. Cada vez son más los que toman conciencia de esta necesidad y deciden invertir en sí mismos. Se puede realizar un trabajo individual o un proceso grupal y en ambos casos te garantizo que el éxito está asegurado.

En el último punto del libro te explico con más detalle en qué consiste cada una de estas dos modalidades para conseguir una autoestima automática con ayuda profesional.

Aprender a decir «NO». Asertividad

La mayoría de las personas que acuden al consultorio y sienten la necesidad de reforzar su autoestima han experimentado repetidas veces la dificultad para decir «NO» ante determinadas propuestas o peticiones que alguien les hace. No es necesario que se trate de un favor muy importante, a veces puede ser que alguien te pida dinero o el coche o que te proponga compartir una actividad de ocio que no te gusta para nada. El problema es que sin saber cómo ni por qué, a pesar de no querer hacerlo en absoluto, sin darnos cuenta ya estamos diciendo que sí. Así, de camino ya no podemos callar esa vocecita interior que nos pregunta machaconamente: «Pero ¿por qué me tengo que meter en esto? Con lo bien que estaría yo en casa leyendo o en el cine viendo una película, o donde sea antes que aquí...».

Y encima lo siguiente que hacemos es empezar a hablarnos y tratarnos mal a nosotros mismos con comentarios despectivos, desprecios y juicios.

¿Por qué nos sucede esto?

En lo más profundo de nosotros mismos conectamos de nuevo con el miedo universal que todos llevamos dentro: el miedo al abandono o, dicho de otro modo, el miedo al rechazo, a quedarnos solos. Ya ves que, al final, el miedo a quedarnos solos siempre está ahí latente.

Nos esforzamos en complacer a los demás para que así estén contentos con nosotros y nos sigan eligiendo, para que sigan queriendo tenernos cerca, para que sigamos siendo importantes para ellos y en un futuro cuenten de nuevo con nuestra presencia. De este modo, nos sentimos seguros y podemos estar tranquilos.

Si nos planteamos decir la verdad y explicar que no queremos y que tal vez en otra ocasión sí, en seguida entramos en pánico. Hay algo en nuestro interior que nos impide pronunciar la palabra «no». Somos incapaces. Lo lamentamos por el otro, nos da pena que tenga que ir a ese sitio solo y nos decimos a nosotros mismos que quizá puede ser divertido ir e intentamos autoconvencernos de que valdrá la pena. De ese modo, creemos que vamos porque lo elegimos, pero no es así. No estaremos completamente a gusto y puede que incluso estemos un poco rabiosos mientras compartimos ese rato. O tal vez sintamos que abusaron de nosotros, nos manipularon para hacer algo que en principio no queríamos... Pero, al fin y al cabo, lo elegimos nosotros. No nos obligaron.

Muchas personas me han manifestado su sensación de rabia cuando les piden dinero o el coche. Pero sienten la rabia al mismo tiempo que alargan la mano para darle las llaves al otro. ¡Qué impotencia!

Hay personas que por sus dificultades para decir «NO», llegan a tolerar incluso situaciones que deberían ser completamente inaceptables, como permitir que otros hagan con nosotros tratos económicos abusivos y desequilibrados (no siempre lo aceptamos porque nos encontramos en una situación desesperada y necesitamos el dinero, en muchos casos sabemos que nos toman el pelo pero por tratarse de alguien conocido o un familiar, no nos quejamos y tratamos de pensar que ya está bien, aunque no lo está).

La dificultad de decir «no» también puede conducirnos a tener relaciones sexuales con una persona o en un momento o lugar en el que no lo deseamos en absoluto e incluso en contra de nuestra voluntad. También puede llevarnos a realizar ciertas prácticas sexuales que rechazamos y para nada nos gustan, solo porque el otro quiere. Podemos decidir hacerlo por complacerlo y porque aunque no nos guste demasiado, no nos importa. No obstante, si lo hacemos sin desearlo y teniendo claro que estamos permitiéndolo mientras por dentro gritamos «¡No!», podemos llegar a vivirlo como un abuso y puede ser extremadamente devastador para nosotros. Y todo esto lo hacemos por miedo a que si no cedemos, puedan rechazarnos y podamos quedarnos solos.

Una vez más, es necesario que cuando nos percatemos de que actuamos de este modo empecemos a cambiarlo. No podemos actuar así, en contra de lo que sentimos de verdad porque eso significa que no nos tenemos en cuenta, que no nos cuidamos y que no nos esforzamos en respetarnos, mimarnos y darnos siempre lo mejor. Al fin y al cabo, esto es lo que haríamos con alguien a quien amáramos, ¿no es así? Intentaríamos cuidarlo, mimarlo, hacerlo feliz, pensar en él, en lo que le gusta..., en definitiva, procurar con todos los medios a nuestro alcance su dicha. Y esto es precisamente lo que deberíamos hacer con nosotros mismos.

Ante una propuesta de cualquier tipo, deberíamos escuchar nuestra voz interior. La primera respuesta que se asoma en nuestra mente es la correcta. Siempre es así. Después de esta, aparecen las siguientes voces llenas de dudas y que nos generan conflictos internos que acaban transformándose en miedos paralizantes.

Conseguir decir «No» cuando esto es lo que queremos es cuestión de ASERTIVIDAD. Se trata de ser honestos y sinceros sin pisar los derechos de los demás, pero asegurándonos de que no se pisan tampoco los nuestros.

A nivel de habilidades sociales, podemos comportarnos de tres formas diferentes:

- Agresivamente: Pisando los derechos de los demás para conseguir lo que queremos, sin importarnos las consecuencias, tratando mal y no respetando e incluso con mala educación.
- De forma pasiva: Dejando que nos pisen y priorizando a los demás sin proteger nuestros propios derechos. Son casos en los que, a pesar de sentir que se hace una injusticia, preferimos no decir nada antes que enfrentarnos al otro.
- Con asertividad: Esta es la forma correcta y en la que se tienen en cuenta los derechos de uno y los del otro. Se trata de actuar de manera educada y sincera, expre-

sando lo que sentimos con honestidad, educación y respeto.

Si respondemos asertivamente, conseguiremos decir que no y seguiremos manteniendo la misma buena relación con la otra persona. Si esta se enfada porque nos negamos a aquello, quizá es que tampoco es tan buena amiga como nosotros creíamos. El buen amigo respetará nuestra decisión y la comprenderá.

Lo que está claro es que cuando nos cuesta decir «No» siempre hay detrás un problema de autoestima. Puede que el hecho de no sentirnos a gusto con nosotros mismos nos lleve a tener un carácter más tímido y complaciente o puede que esto nos pase por haber vivido una mala experiencia (en la infancia o en un pasado más reciente) en la que se generaban muchos conflictos si no nos comportábamos como se esperaba. Esto nos llevará a que para evitar el enfrentamiento, nos sea más cómodo aceptar lo que los demás quieran.

Es cierto que las personas con mayores habilidades sociales lo tienen más fácil para expresar lo que sienten de una manera asertiva y sin tener que mentir. Pero también lo es que otros individuos con perfiles muy sociables, que son puros comerciales, que cuando se trata de relaciones personales sufren mucho por su incapacidad para negarse a cualquier propuesta o petición. Son personas que siempre temen hacer daño, que intentan estar siempre disponibles y no pueden ni pensar en fallar a los demás. Para ellos, estar ahí cuando se los necesita es lo más importante.

Son personas que buscan el afecto y la presencia de los demás. Necesitan saber que tienen gente alrededor, les cuesta estar solos y, por ello, no pueden permitirse el lujo de fallarle a nadie. Si lo hicieran podrían verse en peligro.

A pesar de ello, se dan cuenta de que muchas de las veces que dicen «Sí» y querrían decir «No» se sienten mal por dentro y como si se fallaran a sí mismos.

Está claro que para superar esta situación, no hay mejor manera que ponernos en marcha hacia el cambio.

Técnica del sándwich

La técnica que más se utiliza en estos casos en los que queremos decir «no», pero nos cuesta muchísimo, es la *técnica del sándwich*. Es una técnica muy útil, aunque está claro que no garantiza la buena reacción de la otra persona, porque esto ya dependerá del nivel de asertividad que tenga y su capacidad para aceptar un «no» como respuesta.

En primer lugar y antes que nada, debemos tener muy claro qué es lo que vamos a decirle al otro, cuál será el contenido de nuestro discurso. Una vez esto está claro y definido, podemos construir el sándwich.

La técnica consta de tres partes (como las tres capas de un sándwich):

- La parte inicial (una rebanada de pan), en la que se trataría de ser empáticos y agradables, introducir el tema de manera calmada y positiva.
- La parte siguiente (el queso y el jamón) es aquella en la que debemos decir con asertividad que en ese momento no puede ser o que no nos apetece. Depende de lo cercano que sea el otro, podemos darle algún motivo que nos parezca conveniente, aunque es importante tener claro que no tenemos por qué justificarnos. No hay necesidad de hacerlo. Sí que es importante que controlemos el tono de voz con el que le hablamos al otro y le damos la explicación que sea.
- La parte final (otra rebanada de pan) serviría para cerrar la conversación con buen sabor de boca. Manifestar algo positivo respecto a la conversación, que estamos contentos de haber podido hablar del tema y haber expresado lo que realmente sentimos.

Vamos a ver un ejemplo práctico para que quede más claro, para un caso en el que nos piden el coche. Los pasos serían:

1. «Quería hablarte de eso que me comentaste de si te podría dejar mi coche este fin de semana. Entiendo que lo tienes complicado porque lo necesitas y no tienes el tuyo, entiendo que me lo hayas pedido a mí...».
2. «Pero en este momento no me va bien prestártelo, espero que lo entiendas. Lo necesito».
3. «Espero de corazón que pronto lo tengas resuelto y este problema se solucione. Si hay algo más que pueda hacer por ti estaré encantado. Me hace muy feliz haber podido hablar este tema así de bien contigo porque me tenía muy preocupado. Me alegra que lo entiendas».

Es importante que al aplicar esta técnica tengamos claro que, dependiendo de cómo sea el otro, puede que intente convencernos a pesar de nuestro mensaje directo. No hay que ceder. Si lo hacemos, esto nos hundirá aún más porque sentiremos que el otro nos manipula y que nuestra decisión no tiene ninguna importancia, sentiremos que no se nos respeta y fortalecerá aún más nuestra dificultad para poner límites donde queremos ponerlos.

Ascenso final hacia la cima

Incorporar las claves anteriores a nuestro día a día

Hemos llegado a un punto en el que ya tenemos conciencia de muchas cosas más. Sabemos qué es la autoestima, analizamos cómo es la nuestra y por qué es la que es. También vimos cómo mejorarla y donde está el control de mandos, para hacernos con él y empezar a llevar el timón de nuestra propia vida. Vimos que podemos cambiar el rumbo cuando lo deseemos y sabemos cómo hacerlo.

Llegados aquí, no hay que olvidar que una parte muy importante de nuestro trabajo personal es el hecho de mantenernos estables una vez que hemos logrado mejorar nuestro nivel de conciencia y de autoestima. Y eso, al final, es una cuestión de actitud. Se trata de convertirnos en personas íntegras, que nos comportemos coherentemente con respecto a nuestros valores personales.

Dado que la autoestima no es algo estable si no que fluctúa, lo importante es tener la conciencia, la capacidad de autoanálisis y las herramientas necesarias para volver a restablecer su equilibrio cuando esta vuelve a bajar por algún motivo y sobre todo actuar con integridad.

En mi opinión, una persona íntegra es aquella que muestra una clara **sintonía entre lo que piensa, lo que dice y lo que hace**.

Si digo cosas que en realidad no pienso, ya sea por quedar bien, por agradar, para que no me rechacen o por no generar conflictos con los demás, no estoy siendo una persona íntegra y coherente conmigo misma. Insisto, si actúo de una manera que no va conmigo ni con mis valores, en la que no me siento cómoda ni a gusto, no soy una persona íntegra.

Cuando uno tiene una buena autoestima, acostumbra a comportarse con integridad. Es una persona que tiene conciencia de cómo es y que sabe por qué, que se da cuenta de aquellos puntos que debería mejorar y hace lo necesario para conseguirlo. Asume sus errores e intenta solucionarlos sin echar la culpa a los demás. Se responsabiliza de aquello que le ocurre. Sabe lo que quiere y va a por ello sabiendo que puede conseguirlo. Es una persona agradecida y ello le hace sentir bien.

A nivel profesional es lo mismo. Imagina un dentista que cuando está a punto de ponerte la anestesia se ríe y ves que le faltan piezas dentales y las que conserva están descolocadas y sucias. ¿Te daría confianza? O imagina un profesional que da charlas sobre dinero y prosperidad y que sabes que están a punto de embargarle la casa por no pagar y que está siempre en números rojos en su cuenta bancaria. Tampoco te fiarías de él, ¿verdad?

Creo que dondequiera que estemos y con independencia del ámbito de nuestra vida del que hablemos, debemos ser siempre personas íntegras, actuar de acuerdo con nuestros valores, con nuestra manera de ver el mundo y, por tanto, respetándonos en todos los aspectos. Es lo que llamaríamos «predicar con el ejemplo».

Yo no podría concebir ni dar credibilidad a nadie que dice una cosa y luego la observas y su conducta se contradice con lo que afirma.

Obsérvate en tu día a día:

¿Te comportas de manera íntegra?

¿Eres fiel a tus sentimientos?

¿Muestras lo que eres en realidad (con respeto), aun sabiendo que puede haber alguien a quien no le guste?

¿Dices lo que piensas, comunicándote de una forma asertiva?

¿Tu autoestima fluctúa drásticamente, pasando de estados de gran bienestar a estados de máximo hundimiento?

Si te contemplaras desde una cierta distancia y analizaras tu comportamiento con los demás y contigo mismo, ¿te verías una persona íntegra, que actúa con coherencia con respecto a sus valores personales, protegiendo lo que siente que es importante y apartando lo que no encaja con su manera de ver el mundo?

Analiza tus respuestas durante unos instantes y haz una lista de todo lo que sientes que deberías modificar en ti para que tu autoestima se mantenga de manera permanente en un nivel más alto. Ten en cuenta todo aquello que te altera y te aleja del estado de bienestar y piensa en qué podrías hacer para evitarlo o para lograr controlarlo.

NOTAS

5

CLAVES FINALES PARA UNA AUTOESTIMA AUTOMÁTICA

Con el proceso que has realizado a lo largo de todas las páginas, probablemente ya tienes una idea bastante clara de lo que es la autoestima, cómo se construye y, sobre todo, cómo hacerlo para que sea fuerte y nos permita llegar a lo más alto con nuestra mejor versión.

En el siguiente resumen, tienes los seis puntos clave que has ido desarrollando a lo largo del libro para conseguir una autoestima automática:

1. Tomaste conciencia de cómo fue tu infancia y tu pasado en general mientras crecías hacia la adultez. Viste si recibiste los ingredientes principales en la cantidad necesaria para que se desarrolle la autoestima, que son el **afecto** y el **reconocimiento**. Te diste cuenta de si en tu caso era más frecuente el afecto o bien las carencias afectivas, y si predominaba más el reconocimiento o si te educaron a través de la desaprobación constante.
2. Viste que para fortalecer la autoestima es necesaria una aceptación total de lo que eres, con tus virtudes y tus defectos. Debes aceptarte y quererte por ser justamente así, dejando la víctima o las quejas atrás. Tienes claro que colocarte en el papel de víctima solo te quita

energía y te activa emociones negativas y destructivas que te impedirán avanzar. A partir de aquí, centrándote en ti, en tu potencial y cultivando pensamientos de gratitud, te sentirás bien y podrás cambiar lo que desees.

3. Ahora tienes claro cuáles son tus propósitos y objetivos, todo aquello que quieres conseguir o ese punto al que quieres llegar en los próximos doce meses. Lo plasmaste en tu Mapa del Tesoro y lo tienes a la vista, y estás convencido de que lo puedes conseguir. Eso te da mucha seguridad y te permite valorar si estás tomando decisiones o dando pasos que te acercan a donde quieres llegar o bien te están alejando. De este modo, siempre puedes corregirlo y redefinir tu rumbo cuando sea necesario.
4. Te responsabilizas de tu parte. Ves que las cosas no son siempre «culpa» de los demás sino que ahora tú eres adulto, y cambiar lo que no te gusta depende únicamente de ti. Estás dispuesto a dar los pasos necesarios y a pesar de las dificultades, decides tomar el control de tu vida. Aprendiste cómo funciona tu cerebro y esto te permite elegir los pensamientos que quieres que te guíen, para activar las emociones positivas adecuadas y que así tu cuerpo se ponga en marcha hacia la dirección adecuada. ¡Hacia la dirección del éxito!
5. Ahora sabes decir «no» cuando esto es lo que quieres decir. Aunque te cueste, te respetas a ti mismo sabiendo que con ello no haces daño a nadie. Eres sincero contigo y con los demás. Te cercioraste de que los demás también aprendan a respetarte a ti.
6. Hiciste esquemas, resúmenes de estos puntos para acordarte a menudo y que te permitan volver a ponerte en el punto de partida cuando estés desviándote. Al principio cuesta cambiar nuestros hábitos de funcionamiento, pero cuando los que estamos intentando

incorporar nos llevan a un mejor destino y nuestra calidad de vida mejora, de inmediato somos conscientes de ello y los incorporamos.

Con estos puntos ya casi hemos llegado a nuestro destino. Ellos son la clave para fortalecer tu autoestima y conseguir disfrutar de tus días con una mejor calidad de vida. Siempre que tu autoestima se tambalee o que notes que por las circunstancias que sean, disminuye y te sientas mal, puedes volver a realizar este proceso, revisar las partes que subrayaste o releer los resúmenes que hiciste tras cada punto del camino hacia el ascenso.

Así, te podrás poner de nuevo, de manera rápida y eficaz, en el punto correcto para que tengas una buena perspectiva de la situación y logres redefinir tu rumbo y restablecer los niveles adecuados de confianza, ilusión y seguridad.

Además, a continuación te propongo unas acciones clave, que deberías tener siempre muy presentes, para mantener un nivel de autoestima estable y fuerte.

Acciones clave para tener presentes en tu día a día y mantener una autoestima automática

- **Pensar positivamente:** De nuevo, esto es la base de todo. Elige de manera consciente cuáles son los pensamientos que te interesa reforzar y cultivar en tu cabeza. Utiliza el poder creativo del pensamiento (ya sabes, lo que piensas hace que te sientas de un modo parecido y eso hace que actúes de una forma también similar-PEC).
- **Tratarte bien:** Es muy importante que veas que te tratas como te gustaría que te trataran los demás. Nunca te trates de una manera que te parezca inaceptable hacia ninguna otra persona o viniendo de cualquier otra persona.

- **Conciencia de éxito:** Cultivar la conciencia de éxito significa centrarnos y focalizarnos en todos los éxitos y cosas buenas que obtengo y que me ocurren. Siempre pasan cosas buenas y cuanto más lo agradezca mejor me voy a sentir. Hay que eliminar la conciencia de fracaso, esa que hace que nos centremos solo en lo malo, en las desgracias, en lo que no sale bien o en lo que perdí. No nos sirve de nada y no nos ayuda a estar mejor, con lo cual, no interesa.
- **Reconoce y agradece:** Es también muy importante, reconocer, valorar y agradecer a los demás por lo que hacen y por lo que son. Todos somos especiales y todos hacemos cosas dignas de ser agradecidas. Practica el reconocimiento y verás qué bien sienta.
- **Disfruta de tu trabajo:** Es importante que nos percatemos de que nuestro trabajo aporta un valor a los demás. Hay que sentir que por hacer algo que nos gusta somos dignos de recibir dinero y agradecimiento a la vez.
- **Atrévete a expresar lo que sientes:** En las relaciones importantes, debes poder expresar lo que sientes sin más, con sinceridad y de manera respetuosa y responsable. Si hablamos desde el amor, la comunicación siempre es útil y constructiva.
- **Ábrete a recibir:** Deja que te cuiden, que te ayuden, cuando sea necesario. Si necesitas ayuda, pídela y los demás responderán encantados igual que lo harías tú si ellos te necesitaran. A menudo nos cuesta mucho pedir ayuda y esto al final también está relacionado con nuestra autoestima. Déjate ayudar igual que debes dejarte querer. Lo mereces.
- **Quiérete y acéptate:** Sabemos lo importante que es la autoaceptación. Aceptarnos por ser como somos, sin esperar ser nada distinto, sin rechazo, sin juicios, sin críticas. Debemos hacerlo desde el amor.
- **Valórate y reconócete:** Debemos aprender a valorarnos, a reconocer todas las cualidades que tenemos y

abrirnos a que nos reconozcan los demás. Sucede con mucha frecuencia que cuando alguien nos dice algo bonito, en seguida nos esforzamos en quitarle importancia. Nos comentan «¡Qué suéter más bonito llevas!» y lo primero que decimos es «¡Uy! Pues no sé cuántos años tiene, creo que me lo regaló mi madre hace un montón...» o «No... Me costó 50 pesos en un mercadillo...». ¿Por qué nos empeñamos en quitarle valor? Debemos experimentar con una simple respuesta «Muchas gracias, me alegro que te guste, me hace feliz que me lo digas», acompañada de una gran sonrisa.

- **Perdonarte a ti mismo:** Es importante que tengamos la capacidad de perdonarnos a nosotros mismos ante aquellos hechos que, partiendo de la experiencia que hemos adquirido, habríamos gestionado de otra manera. Es necesario que reconozcamos que hicimos lo mejor que pudimos en ese momento concreto, a partir de lo que sentíamos y de las circunstancias que estábamos atravesando. Cuando algo ha pasado, es normal que todo el mundo tenga claro cómo deberíamos haberlo hecho, pero cuando lo estamos viviendo hacemos lo que buenamente podemos.
- **Practica el agradecimiento:** Ya te hablé de la importancia de la gratitud y voy a insistir. Darnos las gracias a nosotros mismos por todo lo que hacemos día a día, a los demás por todo lo que hacen por nosotros directa o indirectamente, a nuestro cuerpo por funcionar de la manera que lo hace, por ser nuestro vehículo y permitirnos llegar tan lejos como nos propongamos; agradecerle a nuestra pareja, a nuestros padres, a nuestros amigos... **¡Practica el agradecimiento y verás qué bien sienta!**
- **Sé claro y sincero con los que quieres:** Atrevernos a decir «No» cuando eso es lo que sentimos y a pedir lo que deseamos de verdad. El respeto hacia uno mismo

es la clave para conseguir que nos respeten también los demás. Y es que si no me respeto yo, ¿cómo voy a pretender que alguien más lo haga? En cambio si yo pongo límites, me cuido y expreso lo que siento, las otras personas me tratarán también con cuidado e intentando no dañarme.

- **Dedícate tiempo a ti mismo, mímate:** Este punto también es determinante y muy característico de aquellos que tienen una buena autoestima. Es muy simple: si tú quieres de verdad a alguien que te importa, lo cuidarás, no harás nada que sepas que puede lastimarlo, intentarás mimarlo, tener algún detalle para que sea feliz. Su felicidad te hará feliz a ti y eso es lo que intentarás generar en la medida de lo posible. Pues bien, contigo pasa lo mismo: si te quieres, te valoras y te das cuenta de lo importante que eres, te tratarás bien. No hay otra opción. El maltrato es característico de alguien que no se quiere, de alguien que se ha desconectado de sus sentimientos de admiración y reconocimiento. Por ello, es importante dedicarnos tiempo, hacer cosas que de verdad nos gusten, que nos hagan vibrar y sobre todo cuidarnos con nuestros pensamientos y con nuestras acciones.
- **Cultiva pensamientos de merecimiento:** Este punto viene ligado a todos los demás. Cultivar pensamientos positivos y de merecimiento, como ya sabes, activará en nuestro interior emociones que estarán en sintonía con ellos, emociones de bienestar. Percatarnos de que merecemos lo mejor es una señal que demuestra que estamos en sintonía con la realidad de lo que somos y que, por tanto, tenemos una buena autoestima.

NOTAS

6

AUTOESTIMA AUTOMÁTICA CON AYUDA PROFESIONAL

Cuando somos conscientes de que tenemos que cambiar algo en nosotros para sentirnos mejor, para crear relaciones más sanas y satisfactorias o para construir el entorno o la vida que creemos merecer, leer un libro de autoestima puede ser revelador y nos puede ayudar en muchos sentidos. Aun así, también puede que queramos seguir trabajando o profundizar más en algún aspecto de nosotros mismos, de nuestra historia o de la misma autoestima.

En estos casos, mi recomendación es pedir cita con un profesional especialista en estos temas. Te aseguro que puede ser una de las inversiones más provechosas de tu vida.

¿Qué tipo de ayuda profesional necesito para mejorar mi autoestima?

Las opciones que te recomiendo son dos, que explico brevemente a continuación:

Terapia individual

La *terapia individual* le puede venir bien a cualquiera por ser un trabajo personalizado y centrado en el caso de cada uno. Si se trata de un proceso de crecimiento personal, en la línea de lo que hemos trabajado en este libro, puedes imaginar que todos le sacamos muchísimo provecho porque nos permite conocernos mejor y a partir de ahí, podemos mejorar y potenciar cualquier aspecto en nosotros.

También se recomienda especialmente hacer *terapia individual* en aquellos casos en los que tenemos una historia con episodios muy traumáticos y duros para nosotros (casos de abusos sexuales, maltrato físico o psicológico extremo...). Acostumbran a ser casos en los que uno siente la necesidad de trabajarlo a solas con el psicólogo. Debemos sacar todo el dolor que esas experiencias nos han infligido y que probablemente aún llevamos dentro, sanar la vergüenza y los sentimientos de inferioridad debidos a aquellas vivencias. Son experiencias extremas que de niños no sabíamos cómo interpretarlas y desde nuestra perspectiva infantil no podíamos entender. No encajaban con nuestro mundo, se quedaron ancladas en alguna parte de nuestra mente y ahora no somos capaces de procesarlas de una manera adecuada para que dejen de interferir en el adulto que somos.

Por ello, es mejor hacer un trabajo individual. Son necesarias unas cuantas sesiones para deshacer todo el dolor, la frustración, la rabia y la impotencia que con toda probabilidad alberga nuestro corazón.

Con el trabajo adecuado lograremos sentirnos liberados. Cuando atravesamos esa oscuridad interior a la que nos daba tanto pánico asomarnos, la experiencia es indescriptible. Es como quitarse un peso muerto de encima, es una auténtica liberación para la persona que lo vive.

Después de hacer este trabajo individual podemos dejarlo, pero si queremos más y deseamos seguir trabajando en nuestra autoestima, lo mejor es incorporarse a un proceso grupal.

También hay personas que no arrastran vivencias traumáticas pero que, por encontrarse en situaciones especialmente complejas en su vida actual, consideran más útil centrarse en unas sesiones a nivel individual con las que puedan profundizar en su caso de manera exclusiva.

Si no lo tenemos claro, siempre podemos hacer una primera sesión individual con el profesional en la que le expongamos nuestro caso, y así él podrá recomendarnos qué considera que es mejor.

Grupos de autoestima. Trabajar la autoestima en terapia grupal

Para las personas que necesitan reforzar su autoestima porque han vivido experiencias de desaprobación, falta de afecto en momentos importantes de su vida, y todo lo que hemos estado comentando a lo largo del libro, es altamente recomendable vivir la experiencia de participar en un grupo de crecimiento personal para reforzar la autoestima. Si no hay temas especialmente paralizantes o traumas relevantes, pueden incorporarse a un grupo aunque no hayan hecho antes sesiones individuales con un psicólogo. No hay ningún problema.

Acostumbran a participar personas que, debido a su baja autoestima y la inseguridad que esto les provoca, se enganchan a relaciones tóxicas (generando dependencia emocional), tienen problemas en el trabajo, se sienten muy solos debido a cambios en su vida, les cuesta mucho decir «no», o viven con dificultad y angustia las relaciones sociales.

Los talleres grupales de crecimiento personal son una experiencia única y maravillosa. Yo siempre he disfrutado muchísimo con ellos, tanto cuando formaba parte de ellos como participante, como ahora que los conduzco. Tal como les digo a las personas que vienen, cada vez que empezamos un grupo nuevo, es como si nos encontráramos en un laboratorio en el que todos estamos experimentando. La sala en la que cada semana nos reunimos es un espacio seguro, lleno de intimidad y aceptación en la que no hay lugar para los juicios, las críticas negativas ni la desaprobación. Es un espacio en el que uno puede bajar la guardia y mostrarse tal y como es, sin intentar ser otro. Es muy importante desconectarnos de la necesidad de mostrar nada más que lo que somos, con nuestras vulnerabilidades, nuestros dones, nuestras cualidades y nuestras dificultades.

Poco a poco, a medida que cada uno se va sintiendo más seguro, va abriendo su interior mostrándolo ante los demás y cuando esto ocurre, cuando uno muestra su miedo o su dolor, sus lágrimas tocan el alma de los otros compañeros y así empieza a establecerse un vínculo invisible entre ellos que los une de una manera muy fuerte y profunda más allá de nuestras sesiones.

Evidentemente, el respeto es uno de los valores más importantes en este tipo de espacios. Por ello, jamás se fuerza ni obliga a nadie a que explique o comparta con los demás nada que no sienta o desee, sino todo lo contrario. Cada persona va a su ritmo y se marca la velocidad con la que se siente cómoda. Cuando uno está listo, se abre y se vuelve más participativo.

Aun así, yo siempre recomiendo encarecidamente que cuando uno decida realizar un trabajo grupal de este tipo, debe intentar abrirse y mostrarse ya que si bien es cierto que a menudo pensamos que eso que nos pasa o que nos ha sucedido es una tontería y no le importa a nadie, la experiencia nos demuestra que nunca es así. Siempre hay alguien a nuestro alrededor que sin saberlo lo está esperando, ya sea porque también le pasa igual y no se atreve a decirlo o porque conoce alguien a quien le sucede lo mismo y no sabe cómo ayudarle o por lo que sea. Lo que compartimos con los demás siempre es beneficioso para ellos, lo creamos o no. Siempre hay alguien que necesita escuchar aquello y a quien vamos a ayudar al compartirlo.

Cada uno de nosotros somos importantes dentro del grupo y cada una de nuestras experiencias vividas son importantes también para los demás.

Con este tipo de trabajo grupal, nos damos cuenta de que al final, a todos nos pasan más o menos las mismas cosas. Todos nos sentimos identificados con la experiencia de alguna otra persona, siempre es así. Y al no estar todos en el mismo punto del proceso personal (algunos tienen en ese momento heridas abiertas por causas muy recientes, otros ya las han cerrado, otros no las han cerrado bien...), al compartirlo también nos podemos beneficiar del punto de vista de aquellos que están fuera y que a lo mejor ya consiguieron atravesar algo similar.

Además, está claro que puede haber alguna persona que decida hacer un grupo de este tipo sin haber hecho antes un proceso terapéutico y que por la complejidad de su situación necesite una atención especial. En estos casos, para que la sesión no se centre únicamente en dicha persona, lo recomendable es que paralelamente al grupo, realice alguna sesión individual para desatascar aquel tema. Esto no será para nada incompatible con que siga fluyendo en el grupo.

Participar en un grupo de crecimiento personal también fortalece valores muy importantes como el compromiso, el respeto, la confianza y la amistad.

No estamos acostumbrados a ese tipo de experiencias. Al principio no imaginamos la posibilidad de estar delante de un grupo de extraños, y que a la segunda sesión ya estemos explicando cosas que no hemos explicado ni a nuestro mejor amigo. Y mucho menos nos imaginamos la posibilidad de hacerlo porque nosotros mismos lo decidimos, porque deseamos hacerlo, porque nos sentimos cómodos, abrazados al afecto que nos transmiten los demás compañeros.

Como te digo, esto (abrirnos así, tan rápido) no es habitual en nuestro día a día. Más bien acostumbramos a hacer esfuerzos extraordinarios para parecer fuertes y divertidos y que así nadie note nada. Y está claro que esto no nos hace ningún bien, sino todo lo contrario.

Tampoco digo que después de conocer a alguien tengamos que derrumbarnos y ponernos a llorar desconsoladamente, pero sí que es bueno ver la diferencia que hay entre nuestra manera de funcionar en el contexto que nos movemos habitualmente, y el que hay cuando formamos parte de un grupo de crecimiento personal.

En nuestro contexto habitual, nos damos cuenta de que justo en el momento en el que intimamos más con un amigo, ese momento en el que nos sentimos cómodos y le explicamos alguna parte nuestra de esas que no explicamos a cualquiera, es cuando se produce el acercamiento y se estrecha el vínculo entre nosotros. Cuando el otro comparte algo que para él es especialmente triste o duro y llora o se muestra afectado ante nosotros, eso hace que nos abramos también. Sin darnos cuenta, eso nos hace sentir importantes para el otro y despierta en nosotros las ganas de estar ahí para él, de ayudar, de abrazar. Su dolor despierta nuestro dolor y ahí se establece un lazo entre los dos.

Esto es lo que se busca en los grupos de crecimiento personal. Que el niño interior herido que cada uno llevamos dentro, se encuentre con el de los demás y que juntos se den cuenta de que somos seres maravillosos.

En estos grupos se realiza un trabajo para fortalecer la autoestima a través de tomar conciencia de cómo somos, de aceptarnos por ser así, de decidir cambiar y mejorar todo lo que queramos y aprender las herramientas necesarias para hacerlo.

Creo que en la mayoría de las ciudades podemos encontrar grupos de este tipo y te aseguro que son experiencias que todos deberíamos vivir. Más allá del proceso de desarrollo que experimentamos, hacemos amigos y compañeros que pueden durar toda la vida.

NOTAS

Silvia Congost es psicóloga especializada en autoestima y dependencia emocional. Su pasión siempre ha sido ayudar a otras personas a fortalecer su autoestima para que puedan crear relaciones más sanas y satisfactorias, y logren tener éxito en sus vidas.

En la actualidad ejerce como psicóloga en su consultorio privado en Girona y Barcelona (con adolescentes y adultos), también realiza sesiones *online* con los mismos buenos resultados que en las sesiones presenciales. Asimismo, ofrece charlas sobre autoestima, dependencia y relaciones tóxicas, además de que conduce grupos de autoestima y crecimiento personal.

El éxito de su trabajo se caracteriza por lograr que en menos de diez sesiones se consiga generar los cambios que la persona necesita. Así lo corroboran todos sus clientes y los numerosos testimonios que escriben sobre su experiencia en la web de la autora.

Su sitio web **Silvia Congost. Autoestima y dependencia emocional**, así como su blog, han alcanzado una gran popularidad en la red, con miles de visitas diarias y de seguidores en todo el mundo.

Es autora de *Cuando amar demasiado es depender* y *A solas.*

Para más información:
www.silviacongost.com
www.facebook.com/silvia.congost
@silviacongost

SILVIA
CONGOST
A SOLAS
DESCUBRE
EL PLACER
DE ESTAR
CONTIGO MISMO
zenith